나는
마인드
포토그래퍼

호흡하고 조율하고 흐름을 타고

나는
마인드
포토그래퍼

김도형 지음

리음북스

목
차

3장 : 이야기 사진

4장 : 나만의 촬영법

프롤로그
마인드 포토그래퍼가 되기까지

    사진작가로서 길을 걸어오면서 하고픈 일 중 하나가 '김도형과 사진'에 관한 글을 써보는 일이다. 예술과 상업의 경계에서 수없이 넘어지고 일어서길 반복했었다. 그런 과정을 겪어왔기에 글을 쓰는 일은 외롭고 힘들었던 삶의 여정 속에 작은 쉼표가 되리라고 생각했다. 책을 쓰기로 마음먹고 사람들 반응도 살피고 조언도 얻어볼 요량으로 주변 지인에게 사진을 찍으며 있었던 많은 경험을 신나게 이야기했다.

    대부분 "그거 좋은데!", "와, 재미있겠다", "빨리 써봐. 내가 첫 번째로 구매해줄게"라며 응원했다. 하지만 나를 잘 아는 후배의 한마디는 사진 속 에피소드보다 중요한 게 뭔지 생각하게 했고, 지금껏 살아온 길을 돌이켜보게 했다.

    "그건 내가 아는 형이 아닌데요."

    그동안 겪어온 경험을 이야기하는데 왜 내가 아니라는 것일까?

    어린 시절 늘 함께 지냈지만, 어머니의 마음을 너무도 몰랐기에 지금도 마음에 맺힌 그리운 어머니. 내 기억 속 어머니는 늘 기도하시는 모습이었다. 그 많은 기도문을 술술 외웠던 어머니는 그러나 글을 읽지 못하는 분이셨다. 어머니의 사랑을 받으며 자라는 동안 그걸 몰랐다. 그러기에 동생에게 모질게 한글을 가르치려고 하는 모습도 이해할 수 없었다. 아, 얼마나 읽고 싶고 쓰고 싶었던 우리말일까. 어머니는 소천하시기 전, '화장실'이란 단어를 읽으셨다. 그리고 그 감격에 겨워 펑펑 우셨다. 눈물이 두 뺨에 흘러내리던 우리 어머니, 나의 어머니를 결코 잊을 수 없다.

기억 속 어머니는 넉넉하지 않은 환경에서도 자식들에게 이것저것 다양한 음식을 맛보게 해주신 만능 요리사였다. 늦게나마 한글을 깨우친 후 지으신 삼행시는 내 어머니가 시인 감성이 풍부한 분이라는 걸 알게 해주었다. 만시지탄(晩時之歎)이다. 그때는 참 몰랐다. 가장 가까이 있었고, 언제나 함께할 것 같은 그분에 대해서 말이다.

지금 생존해 계시는 나의 아버지는 장사를 업으로 하셨는데, 당신에게 별 도움이 되지 않는다고 여겼는지 수시로 어머니를 구박했다. 어머니와 갈등의 골이 깊어진 것에는 여러 이유가 있지만 변혁의 시대에 고단한 삶을 살아오신 여느 아버지처럼 아버지 역시 생활에 대한 조급증과 어머니를 향한 미안함이 더해진 강박관념이 있었다. 아버지의 거친 표현은 어머니와 우리 형제를 모두를 참으로 힘들게 했다.

솔직히 나의 이런 이해심도 최근에야 갖게 되었을 뿐이다. 그때는 아버지의 마음을 읽지 못했기에 원망과 불만이 가득했다. 결국 행복한 추억만으로도 부족한 어린 시절을 나는 결핍과 불만이 가득한 시간으로 보냈다.

'내가 크면 이런 어른이 되어야지' 하는 상상이 시작된 것도 그때였다. 방황의 시간 속에 나는 소중한 것을 잃어버렸고, 그분들께 표현하지 못한 못난 마음에 내내 괴로웠다.

어른이 되었지만 생각과 마음의 불균형은 그리 나아지지 않았다. 사람들이 내게만 오면 무거워져서 가는 모습에 상처받고 두려워했다. 그래서 늘 외로워했다.

'사람들은 나를 좋아하지 않아'라는 낮은 자존감이 나를 힘들게 했고, 스스로 나약해지는 모습에 겉으로는 밝고 강한 김도형으로 살았지만, 홀로 있을 때는 한없이 작아지고 불안한 김도형이 나를 장악했다.

조금 늦은 26살에 힘들게 대학교를 졸업했지만, 문득 이렇게 살다가는 너무 외롭게 지내다 죽을 것 같은 생각에 두려웠다. 이왕 사는 건데 이렇게 살기는 죽기보다 싫었다. 그때부터 말로 표현할 수 없을 만큼 피나는 노력을 다해 성격을 고치려고 애썼다. 궁즉통(窮卽通)이라 했다. 어린 시절 결핍을 보상받고 싶은 생각에 마음이 끌리면 닥치는 대로 저질러댔다.

그때 발견한 김도형은 무엇을 시작하면 엄청난 집중력을 발휘했고, 짧은 시간에 좋은 성과를 냈다는 사실이다. 외로움을 잊고 싶었기에 세상으로부터 도망가듯 살아온 삶의 틀 속에서는 참다운 나를 발견할 수는 없었지만 내 안에는 나만의 순수한 미친 열정이 고스란히 남겨져 있었다. 수많은 실패에도 사진작가로서 일어설 수 있었던 힘도 '미친 열정'의 발견 덕분이다.

여느 아버지처럼 아버지도 고생을 참 많이 하셨다. 누구에게도 위로받지 못하고 살아오신 아버지 인생을 이해하지 못했기에 아버지에 대해서는 늘 불만이었다. 한때는 효자가 되어야 한다고 스스로를 포장했으나 그건 진정한 내가 아니었다. 언제나 똑같은 소리를 하시는 아버지가 싫었다. 아버지는 마음을 닫고 사는 불행한 어른이라고 생각했다. 효자 콤플렉스에서 벗어난 후로는 아버지와 말 섞는 것도 싫었다. 이게 진짜 나였다.

사진작가로서 지금의 자리를 잡기까지 말 못 할 고뇌와 인내로 삶의 굴곡을 지나던 어느 날, 내가 아버지의 머리에 뿔을 단 아들이란 사실을 깨달았고, 순간 주체할 수 없는 울음이 터져 나왔다. 그리고 찬찬히 살펴본 아버지는 많이 늙고, 많이 아프고, 많이 외로워 보였다.

모든 어머니, 아버지의 사랑은 같다. 그렇게 무뚝뚝하고 융통성이 없으신 아버지가 습관처럼 나에게 해주신 말씀이 있다.

"땡기면 많이 먹어라."

역시 이 말의 의미도 젊은 시절에는 잘 몰랐다. 아버지는 그 무뚝뚝한 표현으로 "네가 하고 싶은 건 언제든 열심히 해라"라고 아들을 응원해주고 있었던 것이다. 가족은 몰랐지만, 남들에게 비춰지는 아버지의 모습을 깨닫게 된 것도 얼마 되지 않았다. 아버지와의 관계가 좋아진 지금, 아버지가 가끔 하시는 한 마디에는 유머와 위트가 담겨 있음을 알고 함께 웃는다. 아버지의 존재감에 대해 느끼는 감정은 사람마다 다를 수 있지만 중요한 건 이제 나도 아버지라는 사실이다.

"나는 내 아이들에게 어떤 아버지로 남을까?"

그동안 워커홀릭으로 살아온 과거를 돌이켜보면 지금의 위치에 오르기까지 고민도 가족에 있었고, 깨달음도 가족에 있었으며, 행복과 평안함도 가족에 있었다. 내가 어릴 때 이런 것들을 누군가 알려 주었다면 얼마나 좋았을까? 내가 방황할 때 조금 더 일찍 깨달았다면 덜 힘들지 않았을까?

누군가 나를 보고 마인드 포토그래퍼(Mind Photographer)라고 했다. 한 인간으로서 인생 후반을 살아가는 김도형이 이제야 사진작가로서 눈을 뜨고 알게 된 내 모습이다. 나에게는 단순한 증명사진이든 진지한 프로필 사진이든 서로 다르지 않고 경중도 없다. 내가 찍은 인물사진은 '그 사람만이 가진 삶의 표현'이기 때문이다. 나에게 가족사진은 구도와 조명이 훌륭한 인물의 군집체가 아니다. 내가 찍는 가족사진은 '가족 관계의 표현'이기 때문이다.

내가 촬영한 사진으로 누군가 자신감을 되찾고, 내 사진이 나와 같은 경험에 빠진 사람들에게 불만족의 삶에서 행복으로 탈출하는 길이 되길 바란다. 조명은 단 하나면 된다. 기교도 기술도 핵심이 아니다. 사진 찍는 인물의 삶에 공감하고 마음속 짐을 꺼낼 뿐이다. 가족 사이에 얽혀 있는 감정의 찌꺼기를 들어낼 뿐이다. 내 인물사진은 그렇게 비워내는 순간을 기다리는 사진이고, 그래서 유니크(Unique)하다.

 이 책이 마인드 포토그래퍼(Mind Photographer) 김도형의 삶과 사진, 그리고 사람의 따뜻한 행복을 전하는 내용으로 전해지길 소망한다.

2021년 12월 30일
개포동 스튜디오에서 포토그래퍼 김도형

추천사
사람 냄새 나는 작가, 김도형
개인의 역사를 넘어 사진계의 역사를 위해

    김도형 작가의 에세이 '나는 마인드 포토그래퍼' 출간을 축하합니다. 김도형 작가는 사단법인 한국프로사진협회 기획위원으로 활동하여 연이 닿은 작가입니다. 작가는 전시회를 열고 도록을 내야 작가입니다. 실력이 없고 행동하지 않는 말로만 작가라고 하는 작가가 넘쳐나는 시대입니다. 자신을 깎아내는 고통을 견디며 아름다운 사진을 촬영하기 위해 고뇌하고 실천한 김도형 작가님! 수고하셨습니다.

    김도형 작가는 실력도 출중하고 사진을 잘 찍는 사람 냄새가 나는 작가입니다. 모르는 사람이 볼 때는 사진의 기능적인 면을 봅니다. 김도형 작가는 기능적인 것 이전에 사람을 마음으로 촬영하는 사람입니다.
    사람을 이해하고 그 사연이 어떠한지, 감정이 어떠한지 살펴보는 사람입니다. 단순하게 셔터만 눌러대는 사진과는 다르게 사람을 연구하고 감정에 공감하는 사람입니다. 2011년에 예술의전당에서 사진전과 인물사진집 '소리빛'을 보았을 때 위대한 업적을 남겼다고 생각하였습니다. 10년 만에 김도형 작가는 인물사진집이 아닌 자신의 철학과 삶을 담은 책을 출간하였습니다.

이번에 출간된 책은 김도형 작가의 삶과 철학이 있습니다. 머리로 이해하는 것이 아닌 마음으로 공감하는 작가의 마음이 그대로 투영되었습니다. 어찌 보면 별것도 없는 소소한 일상을 담담하게 그려냈습니다. 모두가 그저 그런 사진을 촬영할 때 남과 다른 자신의 색을 내는 김도형 작가의 위치는 4차 혁명이 도래하는 새로운 시대에 더욱 빛이 날 것입니다. 개인의 역사와 사진계의 역사를 위해 큰 족적을 남기리라 믿으며, 출간을 다시한번 축하드립니다.

사단법인 한국프로사진협회 회장 정옥기

추천사
길을 찾아 나선 사람, 사진작가 김도형

애초부터 길이 있는 곳은 없다. 길은 사람이 만드는 것이고 사람들이 다니기 시작하면 생기는 것이다. 여기 길을 찾아 나선 사람이 있다. 길을 만들기로 결심하고 미련스런 작업을 시작한 사람이 있다. 선율을 빛으로 사진으로 표현하는 일이 가능한지 모르겠지만 불가능에 가까운 길을 개척하고자 오랜 세월을 바친 사람이 있다. 사진작가 김도형은 아름다운 음악의 파동을 빛의 파동으로 변환하여 사진 속에 붙들어 매고 싶어 하는 사람이다. 음악가와 연주가들로부터 음악과 소리의 근원을 찾아내기라도 할 량으로 많은 시간과 노력과 비용을 바치는 사람이다.

아마 도를 닦는 마음과 사진과 음악에 대한 사랑이 없이는 엄두를 낼 수 없는 일일 것이다. 김도형이 이런 집념과 사랑을 또 다른 방식으로 표현하고 있다. 인생을 담아내는 그의 사진 이야기 속에 아낌없이 자기의 재능을 나누고자 하는 것이다. 빛의 작업을 하는 사람이 빛으로 고통 받는 이들을 위해 봉사하고자 하는 일은 참으로 직분에 맞는 일이 아닌가 생각된다. 좋은 결과를 얻어 고통 받는 사람들의 큰 빛이 되기를 기원한다. 그의 오랜 사진인생을 담아내는 이야기책 출판을 축하드립니다.

피아니스트 · 교수 서혜경

추천사
그 '사람'의 세월과 이야기를 꺼내다

떠올려보면, 인생의 중요한 순간들이 많았습니다. 누구나 그렇듯, 그 중에서도 특별히 중요했던 순간들이 있습니다. 불행히도 대부분은 총체적으로 기억할 뿐이며 그 기억들은 세월과 함께 흐릿해지고 희미해집니다. 잡고 싶어 안간힘을 써 봐도 노화 앞에서는 그저 어쩔 도리가 없는 일입니다.

십여 년 전, 김도형 작가를 처음 만났습니다. 그와의 작업은 무척 색달랐습니다. 그는, 카메라 렌즈 하나로 저한테서 뭔가를 캐내고 있었습니다. 그러고는 그 찰나에 제 수십 년의 음악 인생을 후루룩 담아냈습니다. 속수무책으로 밀려드는 세월의 파도 앞에 서 있는 중년의 한 남자 김동규. 그도 역시 김도형 작가에게 그렇게 기록되는 순간이었습니다.

음악가의 화려한 외양을 관통하여 정확하게 그 '사람'을 찍어내는… 음악 인생을, 세월을, 이야기를 꺼내는 타고난 사진쟁이 김도형 작가님, 출판을 축하드립니다.

성악가 김동규

※ 이 책에 실린 사진은 글의 내용과는 무관합니다.

1장
마음 담음

1. 연주자의 영혼이 깃든 사진을 찍다

나는 사진을 찍는 김도형이다. 여러 장르의 사진 중에서도 인물사진에 특화되어 있는 사진작가다. 특화되었다는 말보다는 내가 경험한 삶이 인물 사진에 빠져들게 했다는 게 정확한 표현인 것 같다. 내가 직업으로 삼고 있는 사진작업은 많은 장비가 필요하다. 일반적으로 중요하게 생각하는 조명은 물론이고 값비싼 카메라와 렌즈, 각종 보조 도구가 필요한데 나에게 이 장비들은 너무도 섬세하고 까다로워 가까이 하기에는 당췌 어려운 여자와도 같다.

솔직히 고백하면 난 지독한 기계치다. 그러기에 툭 터놓고 얘기하자면 사진기를 잘 모른다. 나름 사진을 좀 촬영한다는 내가 '기계치'라고 표현하면 겸손한 태도라고 호의적으로 보거나 기계치라니 말도 안 된다며 아예 믿지 않는 사람이 대부분이다.

무식하면 용감하다 했다. 이 말을 내 스타일대로 표현하자면 '무식해서 용감했고, 개고생하다 보니 터득하게 되더라.' 하고 표현하고 싶다. 기계만 보면 일단 머리가 아프다. 손대는 게 싫다. 여북하면 책 쓰려고 구입한 새 노트북을 세팅하지 못해 이사람 저사람 부탁하고 다니다 결국 다시 구매대

리점에 가서 도움을 받았겠는가. 컴퓨터를 구매하고 워드를 열기까지 이틀
동안 헤매고 다녔다.

프로 촬영만 해보고자 처음 결심했을 때 나에게는 스튜디오도, 자금도
없었다. 등에는 배경용 스크린, 한쪽 어깨는 카메라와 렌즈, 손에는 조명기
구 하나 달랑 들고 연주회가 열리는 곳이라면 마다 하지 않고 두 발로 뛰어
다녔다. 연주회 홀 관계자에게 부탁해 구석진 공간에 스크린을 세우고 조
명을 켜고 카메라를 들고 촬영했다. 사진을 시작하던 김도형의 모습이다.
지금은 상상도 할 수 없는 열악한 환경에서 내가 다룰 수 있는 장비는 단순
했고, 덕분에 나는 장비를 활용한 기교보다 본질적인 인물에 집중할 수밖
에 없었다.

장비에 의존하지 않고 내면의 아름다움을 찾으려 애쓰고, 개개인이 담고
있는 개성과 감성을 담아내는데 집중했던 것은 내가 무슨 대단한 철학이
있거나 깨달음에서 시작된 게 아니었다. 어쩔 수 없는 나의 빈약한 환경에
서 살아남고자 하는 과정에서 얻게 된 처절한 몸부림의 결과물이다. 사진
학 교과서나 이론을 적용할 수 없는 환경이 오히려 나만의 구도나 이미지
를 표현하는 것에 집중하게 했고, 나만의 유니크한 인물사진을 찍을 수 있
는 바탕이 되었다.

20년도 훨씬 더 전에 故 김원구(1928~2002) 음악평론가를 뵌 적이 있

다. 故 김원구 선생님은 황해도 봉산 출생으로 1969~2002년까지 음악평론가로 활동하며 우리나라 음악계에 지대한 영향을 끼친 분이다. 어느 날 공연장에서 분주히 사진작업에 열중하던 나를 우연히 보셨다면서 이런 글을 하나 써 주셨다.

"골고다 산을 오르는 예수의 얼굴을 닦아주었던 베로니카의 수건에 예수의 흔적이 묻어있듯이 사진작가 김도형의 사진에는 연주자의 영혼이 깃든다."

이 문구를 원고지에 받았을 때만 해도 나는 똘기만 충천할 뿐 보잘것없는 사람이었기에 너무 과분한 칭찬의 글이라고 생각했다. 어울리지 않으며 조금 과장된 듯한 김원구 선생님의 평가를 접어 넣어두고 오랫동안 잊고 지냈다. 그런데 책을 쓰고자 자료를 정리하며 찾은 글귀를 다시 보니 내가 故 김원구 선생님의 마음을 헤아리지 못했음을 깨달았다. 과분한 칭찬으로 생각되었던 글귀는 당시 두발로 뛰어다니던 젊고 똘기로 뭉친 나의 미친 열정에 대한 응원의 글이었던 것이다. 사진에 대해 나만의 확고함이 생긴 이제는 꺼내놓아도 부끄럽지 않을 것이다.

차(茶)를 즐기는 지인이 차를 알려주며 이런 말을 해주었다.

"처음 차를 마시다 보면 어느새 차보다는 차 도구에 정신이 팔리기 마련입니다. 좋은 다기(茶器), 멋진 찻상이 먼저 눈에 들어오고 자꾸 사 모으게 되죠. 하지만 내 몸과 정신을 편안하고 건강하게 해주는 것은 다기나 찻상이 아니라 '마시는 차'에 있습니다. 차 맛을 먼저 즐겨 보세요. 차 맛을 알아야 다도의 멋도 즐기게 됩니다."

눈으로 차의 색깔을 즐기고, 코로는 차의 향을 흠향하고, 입으로 차 맛을 느낄 때 차와 내가 하나가 됨을 느끼듯 사진도 다르지 않다.

내가 만일
애타는 한 가슴을 달랠 수 있다면
내 삶은 정녕 헛되지 않으리

- 에밀리 디킨슨

2. 마음 표현이 서툰 모녀

　대학 입시 지원이 시작되는 하루 전날이었다. 한국인이라면 누구나 알고 있듯 대학입시 때만 되면 날씨가 귀신같이 추워진다. 그날은 손님이 없어 무료한 시간을 보내고 있었다. 조금만 있으면 퇴근 시간이니 무료함을 달래려고 책을 집어 들었다. 그때 출입구 벨이 울리면서 자그마한 여자 아이가 엄마와 함께 들어왔다. 스튜디오 마감 시간이 다 되었기에 촬영해야 하나 말아야 하나 잠시 고민하는 사이 엄마의 큰 소리가 들려온다.

　"이 따위로 할 거면 때려치워라. 할 거야 말 거야?"

　뭔가 심상치 않은 분위기에 순간 고민은 사라지고 나도 모르게 모녀를 바라보았다. 어떤 이유인지는 모르지만 엄청나게 화난 엄마가 아이를 다그치는데 그 기세는 아이가 상처를 받을까 걱정될 정도였다. 옆에 있던 나는 아무 말도 하지 못하고 상황이 누그러지기를 기다리며 서 있기만 했다. 얼마간의 실랑이가 오가고 엄마의 다그침에 아이도 어쩔 수 없었는지 훌쩍훌쩍 울면서 "할 거야" 하고 나지막하게 대답한다.

　"아, 이것 참... 어쩌나..."

　상황도 상황이지만 이런 분위기로 사진 작업을 한다는 건 불가능해 보였다. 더구나 내 스튜디오에서 일어나는 일인데 잠자코 있을 수만은 없어서 조심스레 입을 열었다. 먼저 어머니를 향해 말을 건넸다.

"어머님, 저도 자식을 키우는데 따님이 제 아이들과 같은 나이 또래 같네요. 그런데 괜찮으시면 촬영 후 따님을 제 차로 집까지 데려다 줄테니 어머니는 먼저 댁으로 가 계시죠."

딸과의 입씨름에 엄마도 지쳤는지 잠시 생각을 하다가 그리하겠다고 답했다. 엄마가 나가고, 나는 아이랑 덩그렇게 둘이 남았지만 마음속 분함이 가시지 않은 아이는 계속 훌쩍거리고 울기만 한다.

이제부터는 내가 능력을 발휘해야 한다. 아이들 다루는 것은 누구보다 잘하는 내가 아닌가. 훌쩍거리는 아이를 향해 나는 부드러운 음성으로 물었다.

"이름이 뭐니?"

"아, 그렇구나. 여기는 너랑 나랑 둘뿐이야. 그러니까 마음 놓고 많이 울어. 지금 나오는 눈물은 아까 슬펐던 거 때문에 흘리는 거니까."

아이의 감정이 수그러들 때를 기다리던 나는 한참을 울다가 잠시 그치는 틈을 찾았다.

"어때? 이제 한번 해볼래? 아저씨는 시간 많으니까 준비되면 얘기해. 기다릴게."

"아저씨, 조금만 더요."

울음은 그쳤지만 아이 나름대로 감정을 추스를 시간이 필요했던 모양이다. 이제 좀 괜찮나 싶어 살짝 말을 걸었다. "너도 크면 아저씨 같이 따뜻한 사람이 되라"고 했더니 또 "으왕~~" 하며 울기 시작한다.

"이거 참…"

무척 곤란한 상황이지만 이렇게 기다리기만 하다가는 끝이 없을 것 같았다.

"아저씨가 가만히 보니 엄마가 좀 세신 분 같더라. 그치?"

"만약 아저씨가 너라면 숨 막힐 것 같은데 너도 그러니?"

이 말에 아이는 속마음 알아주는 아저씨를 만났다는 듯이 고개를 크게 끄덕이며 공감한다.

"그런데 말이다. 너와 표현 방식은 좀 다르지만 엄마도 너를 사랑하는 거, 너도 알지?"

"네."

"엄마가 말씀하시는 표현방식은 어쩔 수 없는데 너도 스스로 살 궁리를 해야 돼. 무슨 말이냐 하면 너도 숨을 공간을 만들어야 한다는 거야. 이렇게 스트레스 받은 다음에 어떻게 푸니? 잠을 자거나 음악을 듣거나 조용히 산책하거나 운동하거나… 어떻게 하든 풀어 버려야 해. 마음에 쌓아두면 안 되는 거야. 그리기 위해서라도 너만의 공간은 꼭 만들어 놓고 지내야 된단다. 너무 심한 스트레스는 본의 아니게 스스로를 다른 사람으로 변하게 만들지도 몰라. 뭔 얘긴지 알겠니?"

"네, 알겠어요."

이해했다는 듯이 고개를 끄덕이는 아이를 보니 참 맑은 아이라는 생각이 들었다. 기분도 전환할 겸 스튜디오 주변을 산책하자고 권하니 그러자고 한다. 이 정도면 다 풀렸다고 봐야겠지? 스튜디오 주변을 산책하며, 내 아이들과 있었던 이야기를 해주니 금세 조잘대며 이야기꽃을 피워댄다.

그렇게 분위기를 바꾸고 돌아와 조심스럽게 촬영을 시작했다. 그런데 웬걸, 조명 아래 카메라를 들이대니 아직도 아이의 눈은 붓기가 빠지지 않았고, 눈동자에는 빨간 핏발이 남아 있었다. 이런 상태로는 좋은 사진을 담기가 어려웠지만 시간도 없고, 지금 하지 않으면 안 되는 상황이라 일단 진행했다.

막상 촬영에 임하자 아이의 눈은 붓고 핏발선 모습이 아니었다. 사슴같은 눈이 그려졌다. 최대한 아이의 행복한 표정을 담아주고 싶었기에 사후 보정 작업에 더 집중할 수밖에 없었다. 클로즈업해서 핏줄을 하나하나씩 다 걷어내고, 부어있는 얼굴 부위도 근육을 하나씩 다 터치하면서 수정했더니 30분 만에 비교적 맘에 드는 결과물이 나왔다. 작업실에서 사진을 가지고 나와 아이에게 보여주니 아이도 상당히 만족해하는 표정이다. 하긴 그렇게 울고불고 했으니 사진이 이렇게 잘 나올 거라고는 생각을 못했겠지 싶었다.

"00야~ 사진은 완성되었는데 지금 나가봐서 만약 엄마가 기다리고 계신다면 아저씨와 약속 하나 하자. 이렇게 예쁘게 사진이 나왔는데 그 정도는

해줄 수 있지? 엄마와 너, 둘 중에 누가 먼저 잘못했건 그냥 네가 먼저 엄마한테 '미안해' 하고 한마디만 해 줄 수 있겠니?"

알겠다고 하고 나간 뒤 실제로 차에서 기다리고 있는 엄마를 발견했다. 엄마도 표정은 그랬지만 내심 기다릴 것이라고 생각했다. 나와의 약속을 지켜주고 떠나는 아이의 뒷모습을 바라보며 무수한 나날 그토록 속썩이셨던 어머니를 떠올려 보았다.

3. 26년 만에 처음 만난 엄마와 아들

  그날은 혼자 작업실에 앉아 증명사진 보정 작업을 하고 있었다. 보통 증명사진은 고객들의 요구사항이 많아 손이 많이 가는 편이다. 헤어스타일을 바꿔 달라고도 하고 눈썹을 그려 달라고도 하고, 워낙 다양한 요구들이 많기에 인물이 바뀌지 않는 범위 내에서 조정을 해주고 있다. 한참을 집중하고 있는데 스튜디오 문이 열리며 인기척이 들렸다. 중년으로 보이는 여자분이 혼자 들어오시더니 잠시 머뭇거리기에 어떻게 오셨냐고 여쭈었다.
"저, 혹시 특별한 가족사진 한 장을 찍을 수 있을까요?"
  사진을 찍는 내가 특별한 사진을 찍으려 노력하는 건 당연하지만 고객의 입에서 이런 이야기가 나오는 경우는 극히 드물다. 그냥 "잘 찍어주세요."가 대부분이니까... 나는 어떻게 오셨는지 물었고, 그 아주머니는 내가 스토리텔링 기법으로 사진을 찍는다는 이야기를 듣고 멀리서 찾아왔다고 한다. 그러면서 아주 특별한 사진 한 장을 부탁한다고 재차 강조하시는 거다.

  뭔가 사연이 깊을 것 같은 예감에 먼저 차 한잔을 권하며, 대화를 시작했다. 따뜻한 차를 마시며 온기를 느끼신 아주머니는 자신의 살아온 이야기를 털어놓기 시작했다. 아주머니 사연을 한참 동안 듣다보니 나도 모르게 동화되어 정말 특별한 사진을 찍어 드려야겠다는 생각이 강해졌다. 사람마다 살아온 인생 이야기가 다 특별하기에 스토리에 맞는 사진을 찾아내기는 상당히 어렵고 까다로운 작업이다. 하지만 나는 그런 까다로움에도 내 삶이 투영된 특별한 작업이라 생각하기 때문에 깊은 매력을 느껴 왔고 지금도 그 길을 걷고 있다.

아주머니의 사연은 이러했다. 결혼 후 아이를 낳고 나서 바로 이혼을 당했는데, 양육권이 남편에게 돌아간 후 아이를 볼 수도, 만날 수도 없도록 조치가 취해졌다고 한다. 이혼 후 경제적 상황도 악화되어 오랜 기간 동안 지하방에서 홀로 사시다가 26년 만에 드디어 1층으로 이사하셨던 모양이다.

"26년 동안 아들을 못봤다구요? 보고 싶지 않으셨어요?"

충격적인지라 그렇게 물었다.

"보고 싶어도 만날 수 없게 조치를 취해 놨기 때문에 만날 수 없고 먹고 사는 게 힘들다 보니 아이를 만나기도 꺼려졌습니다. 아이에게 당당하지 못했으니까요. 그런데 어찌어찌하다가 아이 연락처를 알게 되었고, 이젠 다 컸다는 생각에 아이한테 1년 동안 이메일을 주구장창 보냈어요. 하지만 아이는 마음의 상처가 컸는지 한번도 회신이 없었어요. 그런데, 그런데 1년 만에 드디어 회신이 왔어요. 아주 짧게요. 엄마도 건강하시라고… 너무도 기다리던 답장을 받으니 정신이 멍했어요. 엄마라는 글자를 보는 순간 아들 목소리가 너무나 듣고 싶었어요. 그래서 바로 전화했는데 전화를 받더라고요."

"그래서요. 아드님이 뭐라 하던가요?"

내가 더 궁금해서 초조하게 물었다.

"아이는 아무 말이 없었어요. 그래서 내가 먼저 엄마 소원이 하나 있다고 했어요. 나랑 같이 사진 한 장만 찍어 줄 수 있겠냐고. 그랬더니 아들이 그러겠다고 답했어요. 26년 동안 그리워했던 아들과 사진을 찍고 싶었거든요."

아마도 엄마는 며칠 전부터 설레는 가슴으로 아이에 대한 상상을 했을 것이다. 그건 아이도 마찬가지였을 거고. 그래서 엄마는 아주 특별한 사진을 찍어줄 사진관을 수소문했고 어디선가 내 이야기를 듣고 그길로 찾아온 것이다. 길게 끌 일이 아닌 것 같아 이틀 뒤로 스케줄을 잡았다.

약속 당일 날, 드디어 어색한 표정의 모자 일행이 스튜디오에 들어섰다. 사실 아주머니가 귀가한 후 나는 아들의 심정이 어떨까 깊이 생각했다. 태어난 지 얼마 되지 않아 엄마와 헤어진 후, 26년간 얼굴도 모르고 살아왔을 아들이 엄마를 만난다면 어떤 마음일까? 기대감일까? 원망의 마음일까? 나는 어떤 스토리텔링으로 그 모자에게 추억을 남겨주어야 할까?

문을 열고 들어온 아들의 얼굴을 보는 순간 나는 내 스물여섯 살 때 모습이 떠올랐다. 융통성 없고, 단절되고, 자신감 없는 자의식 때문에 사람을 기피하던 그런 내 모습의 청년이 들어왔다. 그래서 보자마자 대뜸 이런 말을 흘렸다.

"아, 요놈 봐라. 나랑 똑같은 놈이네. 요놈이."

초면인 손님에게 거친 말을 했더니 청년이 무척 당황하는 모양새다. 청년은 살짝 나의 동정을 이리저리 살피다가 시선이 내 눈과 마주쳤다. 동질감을 느꼈는지 큰 내색 안하고 빙그레 미소를 띠었다. 더구나 사진 찍는 내내 다양한 촬영요구에도 적극적으로 협조해 주었다.

이렇게 저렇게 연출하는 동안 아이는 엄마를 끌어안기도 하고 얼굴을 맞대고 기도도 하고, 잘 웃어 보이기도 하며, 순조롭게 촬영은 진행되었지만 내 생각에는 뭔가 조금, 진짜를 건드리지 못했다는 기분이 계속 들었다.

'이렇게 끝낼 수는 없는데...'

하지만 어떻게 풀어야 할지 생각이 나지 않았고, 결국 그냥 내 스타일대로 진심을 담아 물어보기로 했다.

"어머니, 이제 사진촬영은 다 끝나가는데요. 근데 어머니가 미처 하지 못한 모습이 있다면 후회 없도록 말씀해 보세요."

"잘 모르겠지만, 우리 아들이 너무 잘 컸어요. 아들의 넓은 어깨에 한번 기대고 싶어요."

이런! 여태 최선을 다 했는데 내가 놓친 게 이거였다. 듬직한 아들에게 기대고 싶은 엄마... 그게 부족했던 것이다.

"아들! 엄마가 원하니까 넓은 어깨 한번 보자. 어머니 맘껏 기대보세요."

엄마가 기댈 수 있게 아들의 넓은 등을 엄마에게 내주고, 엄마는 그 넓은 등에 세상에서 가장 편한 자세로 축 늘어지는데 그때 올라오는 엄마의 행복한 표정이 정말 기가 막힐 정도였다.

그런데 아들은 자기 어깨에 기대어 늘어져 있는 엄마의 모습을 보며 뭔가 알 수 없는 표정을 짓고 있었다. 그 순간 내게 느껴지는 것이 있었다. 아들은 엄마가 너무나 보고 싶었지만, 또 미워하기도 했고, 그리고 오늘은 많이 행복하지만 앞으로 다가올 미래에 대한 여러 가지 생각들로 복잡한 심정이었다. 약간 쭈뼛쭈뼛해 하는 표정의 아들과 상대적으로 너무나 행복한 엄마의 얼굴...

"아들, 잘 봐. 엄마가 진짜 행복해 보이지? 엄마는 사는 동안 고생 많이 하셨을 거 같아. 그리고 오늘은 엄마가 평생 간절히 바라던 그날이 왔어. 내가 보기에도 엄마가 너무 행복해 하시는데 참 보기 좋지 않니? 여기 찍힌 아들의 표정은 앞으로 엄마에게 해 드려야 할 마음의 표정이라고 생각해야 돼. 엄마는 아들의 등에 기대면서 느낀 그 편안함으로 평생을 살아갈 힘을 얻었을 거야. 앞으로 엄마가 너에게 의지하고 싶은 그런 행복한 표정이라는 걸 기억해."

내가 그 말을 하는 사이 어머니는 울기 시작하며 너무 감격스럽다고, 그동안 너무 힘들었다고 말한다. 나는 아들에게 말했다.

"아들도 엄마가 사랑스럽지? 엄마 편히 한번 안아 드려."

그날의 사진은 엄마를 꼭 껴안은 아들의 모습으로 촬영을 마칠 수 있었다. 그 어머니가 26년 동안 아들에 대해 어떤 상상을 하며 살았는지, 아들은 엄마가 너무나 보고 싶었지만, 영문도 모르고 자기를 버리고 갔다는 미움도 있었다.

복잡하게 얽힌 감정을 사그라지게 하고 인간의 참된 감정을 되찾게 해 주는 사진 한 장. 죽는 순간에도 기억에 남는 좋은 추억을 만들어 주는 사진 한 장. 지금 나는 이런 사진을 찍고 있지만, 문득 돌아가신 내 어머니와 함께 찍은 사진 한 장 없는 김도형이 오버랩되었다.

4. 어느 여류 감독의 정면 사진 찍기

옛말에 '3년이면 소성(小成)이요 10년이면 대성(大成)한다'는 말이 있다. 무엇을 하든 10년, 20년 동안 꾸준히 한 길을 걷다보면 남들보다 더 뛰어나게 되는 건 당연한 일이다. 내가 하는 사진도 수많은 반복 작업 속에서 새롭게 깨닫고 발전해가는 일이다. 하지만 단순 반복을 많이 했다고 해서 그 일을 잘한다고 내세우는 건 바보짓이다.

나는 진정으로 잘한다는 판단을 자기가 잘하는 걸 통해서 사람들과 어떻게 공유하고 소통하는가에 두고 있다.

한번의 촬영을 통해서 한 사람의 인생을 읽을 수 있고, 그것을 사진이라는 결과물에 담는 과정은 매우 특별한 경험이다. 처음 만난 사람의 인생 이야기를 듣고, 짧은 시간 안에 접근해서 그 사람의 내면을 알아내는 건 쉬운 일이 아니기 때문이다.

지인으로부터 증명사진을 찍으려는 미모의 여류감독을 나에게 소개했으니 잘 부탁한다는 연락을 받았다. 더불어 여류감독의 사연도 들려주었다. 몇 년 전, 이 감독은 심한 사고를 당했고 몸과 마음이 많이 다쳤다고 한다.

어느 날 자기 얼굴을 거울로 봤는데 사고로 이그러진 자기 얼굴을 보게 되었고, 다시는 거울을 보지 않겠다고 마음먹었다는 것이다.

보통 증명사진은 새로운 출발을 준비하는 사람들이 필요로 하는 사진이다. 입시, 취업, 이직, 자격증 등 증명사진은 새로운 출발선에서 반드시 필요한 것이고, 항상 최근 사진을 요구받는 특성이 있지 않는가. 나는 새 출발을 상징하는 증명사진이 그분에게도 필요했다고 생각하고 무언가를 시작하려는 그분을 응원해 주고 싶었다.

꽤 많은 시간이 흐르고 나서야 그분에게 이 증명사진이 인생사진이 되었는데, 거울을 거부했던 그녀가 증명사진을 통해 자신을 돌아볼 수 있는 용기를 내었다고 한다.

여류감독은 본인이 다친 후 작품의 소재가 약간 변화되었다고 하는데, '본인 작품에 마음을 담고 있는 직업이 있을까?'라는 의문이 생기면서 그런 직업군에 대한 상상을 하며 작품을 구상하고 있었던 모양이다. 그러던 중 스토리텔링으로 사진을 찍는다는 내 이야기를 듣고, 지인에게 부탁해서 찾아왔다고 한다.

연락을 받은 후 지인에게 들은 이야기를 기반으로 나도 그 분에 대한 상상을 하며 어떻게 무엇을 찍어 드릴지 꽤 많은 고민을 했다. '약간의 대인 기피증도 있을 것이고, 자존감도 많이 낮아 있을 텐데...'

난 심리치료사가 아니고, 아직 직접 만나 얼굴을 보고 이야기를 들은 것도 아니기에 상상만 할 뿐이었다. 결국은 촬영 당일 그녀의 즉흥적인 반응을 보면서 나의 사진적인 시각으로 찍기로 했다.

첫인상은 '생각보단 그리 심각하지 않은 긍정적인 분'이었다. 기본적으로 서류용 사진은 정면 자세가 기본이다. 하지만 이분은 촬영을 시작하면서 약간 틀어 앉는 걸 좋아하고 정면 보기를 꺼리는 느낌이었다.

"숨기고 싶은 것을 가리려는 것은 이해합니다. 하지만 어떤 사람들은 보여지는 부분보다 숨겨진 내면을 보고 싶어 하는 사람도 있지 않을까요? 제가 권하고 싶은 건 일부러 예쁜 면만 보여 주려 하지 말고, 감춰져 있는 부분을 오픈해 버리시면 어떨까요? 사진을 많이 찍어본 제가 볼 때 사람들이 좋아하는 건 선생님 자체를 좋아하는 거지 선생님이 예쁜 부분만 좋아하는 건 아닐 거라 생각해요. 그러니까 가리려고 하지 마시고 그냥 오픈하세요. 예쁘게 찍어서 뭐 하시게요? 예쁜 건 좋은 거지만 중요한 건 아니잖아요? 중요한 건 세상에 하나밖에 없는 유일한 선생님 얼굴이 찍혀야 된다고 생각하거든요. 그래도 가리고 싶으세요?"

그렇게 반문했다. 어쨌든 정면 사진을 권유하기 위해서다.

"만약 그대로 진행한다면 감독님의 불안해하는 그 마음이 눈빛에 찍힐 거예요. 그보다 그저 누군가를 따뜻하게 바라본다는 마음으로, 마음을 열고 사람을 안아 주고, 위로해 주는 마음을 상상해 주세요. 그 상상이 사진에 찍히는 겁니다. 당신이 얼마나 아름다운 눈을 가졌는지, 그걸 사람들이 보는 게 아주 중요합니다. 어떤 사람인지 늘 알 수 있는 게 굉장히 중요합니다. 시간이 지나면 어차피 사람들은 당신이 좋은 사람인 걸 알게 되거든요."

그런 마음가짐이 한 장의 사진에 찍혀야 한다고 계속 설득했다. 이런 자세도 익숙해지면 가벼워진다는 말도 덧붙였다.

"시간이 조금 지난 뒤에 우리가 가질 수 있는 좋은 감정이 있을 겁니다. 어차피 할 거면 지금 그런 감정이 생긴다고 상상하시면 됩니다. 제 말을 귀로 들으면 눈은 웃지 않아요. 나를 따라해 보세요. '재밌네'라는 말을 자기 마음 속에 하이톤으로 즐겁게 '업'시켜서 따라해 보세요. 그러면 눈도 웃습니다. 어떻게 하라고요? 재밌네, 재밌네, 이렇게요."

나는 최선을 다해 다소 익살스럽게 과장해서 '재밌네, 재밌네'를 연출했다. 다행히 그분은 내가 이끄는 대로 잘 따라와 주었고, 그분만의 특성이 담긴 사진 한 장을 찍을 수 있었다. 이후 그분의 심경에도 많은 변화가 있다는 소식도 들었다.

좋은 음악에는 반드시 절묘한 액센트가 자리하고 있는데, 좋은 대화법에도 액센트는 상당히 중요하다. 상대의 기분이 가라앉았을 때 띄울 수 있어야 하고, 상대가 너무 상기되었을 때는 가라앉힐 수 있어야 한다. 그 밸런스를 잘 잡는 것이 모두가 만족하는 사진을 만들어 가는 과정이라고 생각한다.

상대와 밸런스를 맞추려면 많은 시행착오를 각오해야 한다. 사진도 같은 방법으로 반복하는 촬영은 아무리 반복해 봐야 늘지 않는다. 매번 다른 방식으로 다른 느낌을 찾으려고 하는 과정에서 최고의 평균값을 찾게 된다.

'아하! 보통의 경우는 이런 상황에서는 이렇게 반응하는데 전혀 다르게 반응하는 경우는 왜 그럴까? 왜 이렇게 반응하는 걸까?'를 끊임없이 생각하다 보면 전체가 하나로 보일 때가 있다. 1,000명이 나에게 증명사진을 찍으러 오면 1,000명의 다른 인생을 만나는 것이다. 사진이 증명사진이라는 폴더 안에 그저 기록처럼 담겨 있다면 난 싫다. 한명 한명의 인생이 담겨진 사진이니까.

그래서 가끔 기억나는 사람들의 증명사진을 프로필 폴더 안에 따로 넣어놓는 경우도 있다. 학창시절의 나는 성격이 어둡고, 무겁고, 꽤나 비밀이 많을 것 같은 고루한 사람이었다. 심지어 '사람들이 날 좋아할 수가 있을까? 날 좋아할 리가 없을 거야.'라는 생각으로 살았다. 나는 좀 느리고, 예민하고, 겁이 많고, 호기심이 많지만 잘 어울릴 줄 몰랐다.

아직까지도 중학교 때의 수업시간이 기억에 남아 있다. 교단에 나가 수학문제를 풀어야 되는 다섯 명 중에 한 명으로 뽑혔는데 성격이 느리다보니 슥슥 문제를 푸는 다른 친구들과 달리 두 배나 긴 시간을 소모하는 내 모습을 상상하자 두려움이 밀려왔다. 머릿속이 하얗게 된 나는 결국 문제는 못 풀고 시간만 질질 끌다가 선생님께 혼이 나고 말았다.

"아휴, 이 녀석, 이 쉬운 것도 못 푸냐?"

출석부로 머리통을 내려쳤다. 소심한 나는 그 상황이 너무 창피해서 오줌을 지렸다.

그 때의 사건이 트라우마로 남았는지 무엇을 할 때면 빠른 시간에 끝내야 된다는 강박관념이 나에게 생겼다. 가끔은 원하지도 않는 걸 누가 권유하면 마음과 다르게 사오기도 하고. 수없이 많은 대중들 앞에 나가면 방향성을 잃을 만큼 지나치게 긴장하기도 했다. 내 안에 다른 내가 살고 있는 것처럼.

이런 경험 덕분에 촬영하러 온 분들을 대할 때 그 사람 입장에서 이해하는 여유를 갖게 되었다. 내 청소년기의 사고가 오히려 지금의 나로 성장시켜 준 것이다. 누군가 땅 속에 나의 비밀 이야기를 묻어 준다면, 그 사람과 친구가 될 수 있다는 사고가 생긴 것도 그때의 경험 때문이다.

스튜디오 촬영 중에는 별의별 얘기를 다 하지만 촬영이 끝나면 내 이야기는 세상에 돌아다니더라도. 상대방에 대한 이야기는 땅속에 묻어 두는 것이 나의 불문율이다. 내가 살아온 구력으로 남을 볼 수 있는 것만큼. 남도 나를 들여다 볼 수 있기 때문에 다음 촬영자가 내 눈을 보고 내가 어떤 사람인지 읽을 수 있다는 것을 항상 명심하고 있다. 나의 눈빛과 상대의 눈빛이 가장 솔직해질 때 촬영을 위한 가장 중요한 신뢰는 성립된다.

5. 사진은 인생과 마음을 찍는 것

노부부 두 분이 증명사진을 찍으러 오셨는데 말투를 보니 경상도 분이었다. 증명사진 찍는 김에 영정사진도 찍고 싶다고 하신다. 증명사진이 새로운 출발을 의미한다면 영정사진은 한 분의 일생을 마감하는 뜻이 강하다. 그분이 살아 온 인생을 남은 가족과 지인들이 기억할 수 있어야 하기에 찍기가 참 어려운 사진이다.

노부부는 경상도 사람답게 대체로 무뚝뚝했다. 좀 복잡한 느낌을 요구받으면 상당히 불편해하셨다. 특히 부인은 어색한 분위기를 무척이나 싫어하는 듯했다. 역시나 촬영 시작 후 한두 컷을 찍으니까 "됐어. 그만 하소!"라며 큰 소리로 외쳐댔다. 영정사진을 찍어야 하는데 이건 아니다 싶어 난감한 표정을 짓고 있다가 조심스럽게 어머니와 이야기를 나누기 시작했다.

"어머니, 좀 불편하시죠? 사진은 이 정도로만 찍어도 되긴 합니다. 하지만 사진 찍는 제가 한 말씀 드리고 싶은 게 있어요. 자식들은 어머님이 키우며 함께 지냈기 때문에 이렇게 찍어도 어머님이 어떤 분인지 잘 알아요. 아까 말씀하실 때 아직 손주는 없다고 하셨죠? 이거 생각해 보세요. 만일 어머님이 돌아가시고 난 후 손주가 태어나면 손주는 할머니를 본 적도 없어요. 그런데 이렇게 무서운 표정으로 사진이 찍히면 말이죠. 어떤 느낌이냐면 예전에 시골에 가면 한쪽 벽에 쪽진 머리에 무뚝뚝한 표정으로 있는 증조, 고조 쯤 되는 할머니 사진이 걸려 있잖아요? 그 사진을 보는 손자손녀들이 '엄마 저 할머니 사진 무서워' 하고 말하는 걸 들은 적이 있거든요. 그런 것처럼 어머님이 이렇게 한 장을 찍고 가시면 남은 대대손손 어머님은 무서운 할머니로 남게 되는 거예요."

이 말이 끝나기가 무섭게 "그럼 어떻게 하면 돼요?" 라고 되물으셨다.

나는 생전의 내 어머니를 대하듯이 그분께 진심을 다해 설명해 드렸다.

"어머님 앞에 멀리 떠나 있던 아들이 찾아와 있어요. 마침 아들이 살다가 너무 지쳐 있을 때라고 생각해 보세요."

순간 어머님 눈빛이 살짝 흔들림을 느꼈다.

"'엄마 나 지금 너무 힘들어'라고 말하는 아들을 생각해 보세요. 어머님이 아들 손을 꼭 잡아 주면서 '내 아들 많이 힘드니?' 라고 한마디 해주시면 아들은 큰 위안을 받겠죠?"

그랬더니 정말 세상에 둘도 없는 인자하고 푸근한 어머니의 표정으로 바뀌었고 그 순간을 놓치지 않고 셔터를 눌렀다.

"어머니, 지금처럼만 하시면 됩니다. 몇 장 더 찍습니다. 그대로 계세요."

그러면서 중간에 흐름을 놓치지 않고 촬영했다. 남편께 그 사진을 보여

드리니 "아내가 사진관에서 단 5분도 머물러 있지 않는 성격이요. 한 자리에서 두 장 이상 찍은 기억이 평생 없는데 내가 알고 있는 내 아내의 50년간 모습이 한 장으로 찍혀 나온 거 같소."라며 엄청 좋아하셨다.

지금은 '영정사진'이란 단어보다는 '장수사진'이란 말을 많이 사용한다고 한다. 영정사진 찍기 봉사활동을 오래 해온 포토그래퍼의 말을 들어보면 할머니라고 해서 무조건 온화한 표정만 있는 것은 아니라고 한다. 우리가 상상하는 할머니의 모습은 호호아줌마처럼 오랜 세월을 살면서 인생에 대해 초월한 모습, 또는 손자 손녀를 자상하게 안아주는 인자한 모습이 대부분이다.

하지만 현실은 어려운 시기에 고생하고 자란 분들이기 때문에 뭔가 보상받고 싶은 심리도 있고, 고생하고 억울하게 살면서 표출하지 못한 억눌림의 무의식이 무표정한 얼굴로 나타나는 경우가 많아 사진 찍기가 더 어렵다는 것이다. 모든 할머니들이 그런 건 아니겠지만, 이야기를 들으면서 내가 경험하지 못한 시대를 겪은 세대의 인물사진을 찍는다는 게 쉽지 않겠다는 생각이 들었다.

이와 비슷한 일로 기억에 남는 사진이 있다. 한 중년 여성이 친정어머니와 함께 사진을 찍으러 온 경우였다. 오자마자 대뜸 "유명한 사진작가라고 소문 듣고 왔습니다."라며 인사를 하셨고 나름 기분이 좋았던 나는 최선을 다해 만족스러운 사진을 찍어 드렸다. 그런데 촬영된 사진을 본 그 여자 분은 혼잣말로 "소문만 무성하고 유명세에 비해 되게 못 찍는구나"라며 중얼거렸다.

"어디가 마음에 안 드세요?"

"다 마음에 안 들어요. 찍은 배경도 마음에 안 들고 헤어스타일도 마음에 안 들고 뭔지 모르지만 그냥 다 마음에 안 들어요."

'뭐지? 이거 환불해 달라는 건가? 아니면 다시 찍어달라는 건가?'

나는 굉장히 난감했고, 뭔가 많이 잘못됐다는 생각이 들었다. 하지만 내가 보기에는 부족함이 없는 사진이었다. 고객이 마음에 안 들어 하니 어디서부터 어떻게 잘못되었는지 알 수가 없었다.

촬영할 때 기본적으로 복장과 스타일은 그다지 중요한 요소로 보지 못한다. 인물사진은 사진 속에 얼굴에서 눈이 무엇을 말하는지가 가장 중요하기 때문이다. 좋은 사진이란 무슨 귀걸이를 했는지, 어떤 옷을 입었는지, 어떤 포즈로 찍혔는지가 아니라 이 모든 것을 압도하는 눈빛이 담긴 사진이다. 나는 여기에 내 온 마음과 정신의 초점을 맞추고 작업을 하고 있다. 그런데 마음에 안 든다니...

물론 사진 전체의 구성을 보면 복장이나 배경도 분명 고려가 필요한 요소이긴 하다. 하지만 일반인들은 모델이 아니기 때문에 작가가 원하는 것을 잘 소화해 낼 수도 없고, 또 그렇게 한다는 건 작가의 작품사진이 되는 거지 그분을 표현한 사진이 아니다. 나는 불편하면 불편한 대로 옷이 준비

안 되면 준비가 안 된 채로 그 상황에서 최선을 다하는 것이 좋은 사진이라고 생각한다.

많은 고객들이 사진 찍기 전에 어떤 색의 옷을 입어야 하는지 묻곤 한다. 사람마다 신체비율이나 피부 톤에 따라 잘 어울리지 않는 옷이나 컬러가 있는 것은 당연하다. 하지만 인물사진은 인물의 얼굴과 표정이 핵심이고 그중에서도 관건은 '눈빛'이다. 사진을 보는 순간 이 사람이 궁금해지고, 이 사람과 밥이라도 같이 먹고 싶어지는 눈빛이어야 한다. 값비싼 액세서리나 옷이 사람의 진실한 모습을 가리는 것 보다, 친구처럼 편하게 이야기를 잘 들어줄 것 같은 인상을 담아내는 게 솔직한 사진이다.

하지만 안타깝게도 그 여자 분은 불평불만을 한참 하다가 사진을 가지고 갔다. 고객은 마음에 안 들어 했지만 나는 최선을 다했으니 나로서는 어쩔 수가 없었다.

한 달쯤 뒤에 그분의 장례를 치른다는 소식에 조문을 가게 되었다. 몰랐으면 모를까 그래도 내가 영정사진을 찍어준 분이고 고객이 마음에 안 들어하신 기억에 약간의 의무감도 있었다.

장례식장에 들어서니 영정 사진이 앞에 떡 하니 걸려 있는데 마치 살아서 계신 것처럼 온화한 표정으로 조문객을 맞이하고 있는 듯 했다. 조문을 하고 자연스럽게 따님과 마주 앉아 이야기를 나누게 되었는데 그분 말씀은 이러했다.

"처음에는 사진이 마음에 들지 않아 무척 속상했어요. 하지만 일이 생겨 영정사진을 자리에 올려두니 부담스럽지 않으면서 그 자체가 제가 알고 있는 어머니 모습 그대로를 느끼게 해주더라고요. 엄마를 이렇게 기억할 수 있다는 게 너무 좋아요. 지금은 작가님께 사진 찍기를 정말 잘했다고 생각해요. 정말 감사해요."

이후로 그분은 만나는 사람마다 "김도형 작가는 역시 다르다."라며 입소문을 내었다고 한다. 하지만 이야기를 듣는 나로서는 또 다시 고민에 빠질 수밖에 없었다.

"도대체 무슨 차이일까? 사진을 처음 보았을 때는 그렇게 마음에 들지 않아 했고, 불편한 속내를 숨기지 않아 나를 힘들게 했던 그 마음은 뭘까?"

남에게 좀 더 예쁘게, 좀 더 멋있게 보여지고 싶은 마음은 누구나 같다. 그러나 냉정하지만 사진 속에 드러나는 모습은 그분이 살아온 흔적이 찍히는 고유의 모습이어야 한다. 그 모습이 진짜 나이고 실제 주변사람이 기억하는 모습도 그런 것이다. 그렇기 때문에 내 생각으로 상상하는 내가 중요한 게 아니라 열심히 살아온 삶 자체를 인정받을 수 있는 것이 중요하다.

사진작가 또한 그런 마음을 가지고 사진을 찍는 사람을 볼 수 있을 때에야 작가의 사진이 작품성으로서의 인정을 받을 수 있다. 사진은 한 사람이 살면서 겪어온 생각과 마음가짐이 굉장히 중요한 요소임을 명심해야 한다.

내가 당신을 사랑하는 것은
까닭이 없는 것이 아닙니다

- 한용운

6. 사진은 타임머신

사진을 찍다 보면 조금은 유별난 사람들과 만나게 된다. 그날도 한 여자아이가 엄마랑 스튜디오 문을 열고 들어섰다. 한눈에 봐도 범상치 않은 아이였다. 피부가 드러난 부위마다 한껏 자리를 차지하고 있는 문신과 눈에 확 띄는 요란한 치장을 하고 있었다.

인사를 나누고 이야기를 들어보니 아이는 중학생인데 엄마랑 둘이 증명사진을 찍으러 왔다고 한다. 얼핏 보면 문신과 치장으로 꽤나 세게 보이는 아이였지만 찬찬히 들여다보니, 유독 눈이 예쁘고 착한 아이로 보이기 시작했다. '이렇게 귀엽고 예쁜 아이가 왜 이런 문신으로 자기를 가리고 있을까?' 어린 학생이 그렇게 많은 문신을 하고 있다는 것은 세상의 시각으로만 보면 유별난 아이로 보일 수밖에 없다. 남과는 다른 모습 때문에 '거참 특이한 아이네'라고 생각하면서 걱정 어린 눈으로 쳐다보겠다. 그러니 그걸 지켜보는 엄마의 근심도 보통은 넘을 것이라고 생각했다.

분명 내가 본 엄마의 표정에서도 근심어린 눈빛을 읽을 수 있었다. 아이도 이런 세상의 시선이 부담되었을 것인데도 왜 그런 모습을 유지하고 있을까? 나는 문득 그 아이에게 선물 같은 사진촬영을 해 주고 싶은 생각이 들었다. 외모에 특별함을 추구하는 사람은 무언가 자기를 봐 달라는 심정으로 독특하게 표출하려는 심리가 강하다.

이 아이도 마찬가지라 생각했고, 이런 표면적인 행동 배경에는 반드시 과거의 아픔이 내재돼 있음을 경험적으로 알았다. 나는 그 아이의 겉모습과는 상관없이 그 내면을 보고자 했고, 아이의 마음을 어루만져주고 싶었다. 아직 어려서 그럴거야, 하고 치부할 수도 있지만 비록 어린 학생일지라도 그 나름의 생각이 있는 것이 아닌가. 앞으로 살아가야 할 먼 인생여정을 생각하면 무언가 길잡이가 필요해 보였다.

인생이란 항상 변하기 때문에 지금 살아온 길이 어둡다고 해서 앞으로도 어두운 면만 있는 건 아니다. 힘든 것만 있는 것도 아니다. 고정된 과거의 경험보다는 매번 만나게 되는 갈림길에서 현명한 선택을 하는 것이 필요하다. 그러기에 언제든 밝고 따뜻한 길을 걸을 수 있다는 걸 알려주고 싶었다.

그래서 문신이나 요란한 치장 속에 묻혀 버린 이 아이만의 아름다움이랄까? 아니 어쩌면 잃어버릴 수도 있는 아이만의 진짜 표정을 찾아 주고 싶었다. 그런 생각이 미치자 어머니를 잠시 내보내기로 했다. 이럴 때는 주변에 아무도 없어야 자연스럽게 대화를 나누며 집중하기가 좋기 때문이다.

엄마를 잠시 밖에 나가시라 해놓고는 "꼬마야, 너 되게 예쁜 아이구나~"

라고 이야기하자 '이 아저씨 뭔 소리 하는 거야?' 하는 표정으로 어이없다는 듯 바라보기에 조심스럽게 말을 건넸다.

"아저씨도 힘들고 어려운 시기를 겪었고 여기까지 오는데 많은 시간이 걸렸단다. 아저씨 경험으로 보면 너에게도 어떤 큰 사건이 일어났던 모양이네? 그 사건이 있기 전까지 넌 아주 예쁘고 착한 아이였어. 그치? 아저씨 눈에는 네가 그런 아이로 보이는데 맞니?"

슬며시 일어나서 스튜디오 조명을 모두 끄고 라이트 하나만 켠 채 다시 자리에 앉았다.

"꼬마야, 아늑하지? 인생에는 언제나 선택이 중요하단다. 이 아늑한 공간이 어떤 사람에게는 외롭게 느껴질 수도 있고, 어떤 사람에게는 편안하다고 할 수도 있어. 지금까지 무엇을 어떻게 선택했든 중요치 않아. 이미 지나간 시간이고 돌이킬 수 없으니까. 공부를 잘 해야 한다는 책임감도, 학교를 꼭 다녀야 한다는 의무감도 중요하지 않아. 인생이라는 긴 항로에서 앞을 향해 달려가는 것이 중요해. 앞으로가 더 중요하다는 말이지."

늘 선택하면서 살게 될 텐데, 네가 촬영을 끝내고 여기를 나가면 다시 올 일이 없을지도 모르며 우리가 길에서 만날 가능성은 얼마나 될까, 하고 물었다. 어쩌면 죽을 때까지 못 볼 수도 있는 인연! 그러니 촬영하는 동안은 창피해하지 말고 어색해하지도 말고 네가 할 수 있는 최선을 보여 주기 바란다고 덧붙였다.

"사진은 노동하듯이 힘들게 찍히는 게 아니라 재미나게 놀다가 찍히는 거거든. 신나게 웃고 떠들며 놀다 갈래? 아니면 아무런 감정 없이 '무뚝뚝하게 얼굴만 증명하는' 사진처럼 찍히고 갈래? 이건 너의 선택이야."

나는 속으로 '조금이라도 설득력이 있지 않을까?' 하고 자문하는 순간, 무언가 공감하듯 잠시 머뭇거리던 꼬마는 마침내 크게 웃고 떠들면서 촬영에 임했다. 그렇게 30분 가량 신나게 촬영하자 우리 둘은 꽤 친해졌다. 역시 내가 생각한 대로 밝고 좋은 아이였다.

"아저씨, 신나요! 좋아요! 하이파이브!"

즐겁게 촬영을 마친 후 어머니와 아이에게 같이 작업실로 들어오게 했다. 셋이 둘러 앉아 찍은 사진을 모니터링을 하는데 활짝 웃는 딸아이의 사진을 보던 어머니가 갑자기 막 울기 시작했다. 울먹이면서도 나지막한 목소리로 "우리 딸 참 곱다."를 연거푸 신음하듯 토해냈다. 아이는 이런 상황이 민망했는지 빨리 나가자고 떼를 쓰며 엄마를 재촉했다. 그때 갑자기 내 마음이 울컥 올라 왔다.

"꼬마야, 엄마가 왜 울고 있는지 네가 그것을 이해할 때 쯤이면 아마도 엄마는 네 곁에 안 계실거야. 그러니 잘해 드려라."

어머니는 감정이 솟구치는지 더욱 크게 울기 시작했다. 그러는 사이 잠시 망설이던 딸은 휴지를 들고 와 엄마 눈물을 닦아주었다. 참으로 감동적인 순간이었다. 조금 전까지 엄마에게 욕하고 떼쓰던 아이가 아니었다. 갑자기 바뀐 모습은 너무도 아름다웠다.

"잘했다 꼬마야. 어렵지 않지? 그렇게 엄마랑 풀면 되는 거야."

그랬더니 수줍게 고개를 끄떡거린다. 이때다 싶어 아이에게 다시 한 가지를 제안했다.

"자, 방금 촬영했던 웃는 사진, 이건 엄마를 위한 선물이야. 이건 네 증명사진으로 쓰지 않을 거구 아저씨가 다시 찍어줄게. 아저씨는 평생 못 푼 숙제를 너는 아주 잘 해냈구나. 잘했다."

사실 증명사진은 치아가 보이면 안 되는 사진이기에 다시 찍어야 했다. 단지 아이의 숨은 모습을 찾아내기 위해 과정을 한번 겪은 것뿐이었다. 이제야 아이는 진짜 자기 모습을 드러낼 수 있었고, 나는 그 아이를 다시 촬영하고 싶었다. 아이는 촬영실로 다시 나가 편하게 의자에 앉더니 자기도 이런 분위기가 좋았는지 엄마 몰래 내게 고맙다고 엄지척을 보내주었다.

인물사진에서 중요한 것은 결과가 아니라 과정이다. 내가 찍어준 사진 한 장은 꼬마가 어려울 때 자기 자신을 돌이켜 볼 수 있는 타임머신 같은 역할을 해줄 것이라 믿는다. 과거로 다시 돌아올 수 있는 사진 한 장으로 기억되면 좋겠다. 이것이 수고를 마다하지 않고 한 사람의 사진을 두 번이고 세 번이고 찍어내는 내 기대이고 바람이다.

2장
사진 치유

1. 스튜디오는 화해 공작소

'형스튜디오' 주변에는 아파트가 밀집해 있고, 여러 학교가 가깝게 위치해 있다. 이런 환경 덕분인지 엄마가 사춘기 자녀를 동반하고 증명사진을 찍으러 오는 경우가 많다. 엄마와 사춘기 자녀가 동반한 사진 작업에는 특징이 하나 있는데 엄마가 자녀 사진에 지나치게 간섭하는 모습이 그렇다. 물론 부모가 자녀 사진에 조언하는 것은 당연한 일이지만 사진을 찍는 내가 보기에도 좀 심하다 싶을 정도의 '간섭'이 있는 경우다.

보통 사진을 찍는 아이들은 그 또래에 맞게 표현하고 싶은 표정이나 포즈 등 몇 가지 원하는 것이 있게 마련이다. 그러나 엄마가 보기에는 아이의 표현이 마음에 들지 않는 경우, 씩씩거리며 옆에서 분위기를 무겁게 만들곤 한다. 작가 입장에서는 엄마의 참견에 장단 맞추며 사진만 찍어주면 그만일 수도 있다. 하지만 아이의 표정을 보면 도저히 사진에 담을 용기가 나질 않는다. 어쩌겠는가.

아이가 이 사진을 친구들에게 자랑하고 싶고, 자존감도 높아지고, 무엇보다 이 사진이 쓰이는 곳에 좋은 인상을 남길 수 있도록 최선을 다해주어야 한다는 것이 변치 않는 나의 생각이다.

어른들에 비해 아이들은 표정도 밝고 기운이 넘치며 표현도 좋다. 조금만 기분 좋게 해주면 말로 표현할 수 없는 갖가지 표정이 드러난다. 아직은 세상 경험이 제한적이다 보니 눈치 보지 않고 좋은 것은 확실히 좋고 싫은 것은 그냥 싫은 나이이기 때문이다. 그래서 나는 아이일수록 자립적이고 독립적으로 판단하는 기회를 주어야 한다고 생각한다.

그런데 어떤 이유인지는 몰라도 중학생 또래의 소녀와 엄마는 사진을 촬영하기 오기 전부터 심하게 다투었다는 것을 한눈에 알 수 있다. 이미 마음을 상한 아이는 뾰로통한 표정으로 앉아 있다. 그럴 때 시작을 어떻게 해야 할지 난감하다. 사진 작업에서는 촬영을 시작하기 전 인물의 기분을 관리하는 것이 매우 중요하다. 분위기를 전환시키기 위해 연령대에 맞춰 음악을 바꿔주거나 즐거운 대화를 유도하는 작업이 꼭 필요한 이유도 그 때문이다. 작가에 따라서는 자신만의 특유한 촬영 포즈나 말투를 개발해 분위기를 이끌기도 한다.

물론 작가마다 차이가 있기 마련이다. 많은 작가들이 중요한 촬영을 할 때는 사전에 인물 기분 관리를 잘하는 편이지만, 증명사진과 같이 간단한 작업에는 등한시하는 경향이 있다. 그러나 다른 시각으로 보면 증명사진 한 장이 그 사람의 인생을 바꿀 수도 있기에 좋은 표정을 담기 위한 노력은 필수라고 생각한다.

나는 샐쭉하게 앉아 있는 아이에게 다가가 귀엣말로 "엄마도 네 나이 때는 할머니한테 그랬을 거야"라고 말해주며 크게 미소를 지어준다. 아이의 굳은 얼굴과 마음의 주름이 조금씩 풀어진다.

이때 중요한 포인트는 아이와 엄마를 분리시키는 것이다. 아이에게는 너무나 큰 영향력을 가진 엄마와 같은 공간에 있는 한, 나의 이야기를 편하게 받아들이고 공감대를 형성하기 어렵기 때문이다. 아이와 함께 대화할 시간을 갖기 위해 아이 앞에서 보란 듯이 "어머님은 나가 계시죠."라며 조금은 단호한 어조로 요구하기도 한다.

사진을 찍는 동안 엄마보다 힘센 아저씨가 아이편이라는 신뢰를 심어줄 수 있다. 그렇다고 정말 엄마를 무시하는 듯한 태도도 안된다. 엄마에게는 아이 모르게 눈짓으로 신호를 주어 엄마의 우려를 줄인다.

이제 아이와 나만의 시간이 주어지면 제일 먼저 공감을 형성해야 한다. 이때 가장 좋은 방법은 예쁜 말로 다독이기보다 나의 감정을 솔직히 표현한다. 그럴 때 효과적이다.

"엄마 있으니까 불편하지? 그치? 어때 지금 기분 빡치지? 근데 어쩌냐? 앞으로 빡칠 일이 많을 텐데?"

역시나 아이도 급 공감하며 환하게 웃는다.

"근데 있잖니, 오늘 찍을 한 장의 사진으로 네가 살아온 흔적이 남을 텐데. 평생 빡칠 게 아니고 오늘만 기분 상해서 그런 거 아니니?"

"넌 소중한 아이인데 네가 어떤 사람인지 알게 하고, 또 누가 이 사진을 보고 너랑 힘든 거 얘기하고 싶거나 너랑 밥도 같이 먹고 호감을 가질 수 있게 해볼까?"

"넌 소중한 아이고, 너를 가장 잘 아는 건 너니까 너의 헤어스타일이나 옷매무새를 천천히 잘 다듬어 보지 않을래?"

방금까지 화나 있던 아이는 어디로 사라지고 환한 표정의 아이가 내 앞에 나타난다.

"아저씨 이렇게 하면 어때요? 전 이게 좋은데 괜찮아요?"

재잘대는 아이의 음성에서 아이 편을 들어주니 바로 신뢰가 형성되고 공감대가 이루어짐을 알 수 있다.

아이는 내가 요구하지 않아도 스스로 다양한 표정을 발산했고 나는 아이 얼굴의 근육 움직임을 예상하며 기다릴 뿐이다. 이후 사진 작업은 일사천리로 진행된다. 물론 엄마가 자리를 비운 채로. 증명사진 작업은 짧은 시간 동안 끝나지만 이제 진짜 중요한 작업이 남았다. 엄마와 아이의 관계를 회복하는 시간이다.

일반적으로 사진을 다 찍으면 작업이 끝났다고 생각할 수 있겠지만 최소한 나는 아니다. 한 컷의 사진을 찍고 인화하고 결과물을 보며 아이와 엄마가 즐거워지도록 하는 역할이 남았기 때문이다. 촬영을 마친 후에야 엄마가 들어오도록 한다. 사진을 인화하고 자르며 아이가 사진을 찍을 때의 표정과 행복한 느낌에 대해 아이와 이야기를 나누며 엄마가 느끼게 한다. 엄마도 아이가 이렇게 밝은 모습으로 대화를 나누는 상황에 조금 놀라는 표정이다.

엄마에게 사진을 보여주며 아이의 표정을 설명해주고, 아이의 바람을 조심스럽지만 유쾌한 어조로 전달해 준다. 엄마는 잠깐 생각에 잠기더니 아이에게 입을 연다.

"엄마때문에 속상했지? 엄마도 네 사진이 예쁘게 나오길 바라서 그런 거야. 그런데 이렇게 잘 나온 걸 보니 엄마가 미안한데?"

"엄마, 나도 미안해. 난 내가 이야기하는 걸 엄마가 다 아니라고 해서 속상했을 뿐이야. 엄마, 우리 집에 가서 밥 먹자. 배고파."

아이를 내 소유물처럼 생각하면 아이를 가두는 것과 다름 아니다. 아이의 몸은 성장하지만 마음은 상처를 입고 힘들어 한다. 아이도 친구, 가족 등 다양한 관계 속에 살아가고 있다. 그러니 얼마나 잘 보이고 싶고, 인정받고 싶고, 예쁘고 멋지게 보이고 싶겠는가?

아이를 어른으로 만들지 말고 아이대로 표현해 주는 것이 가장 좋다. 증명사진을 들고 나가는 두 모녀의 모습에서 내 아이들 생각이 난다.

'이 너석들 밥은 먹고 다니겠지?'

2. 내려놓음

종일 비가 추적추적 내리고 손님 발길도 뜸하고 살짝 졸음이 몰려오는 오후였다. 때마침 스튜디오 문이 열리면서 60대로 보이는 아주머니 한 분이 들어오셨는데 인사하는 목소리가 유난히 부드럽고 정감이 갔다. 보통은 나도 "목소리 참 좋으시네요." 정도로 무덤덤하게 인사하고 마는 편이지만 이분에게는 왠지 느낌상 형식적인 멘트는 하고 싶지 않았다.

잠시 머뭇거리고 있던 중 그분 얼굴을 보는데 고생을 많이 하셨는지 주름이 많고 매서운 눈매인데도 뭔지 모를 부드러움을 가진 얼굴이었다. 얼굴과 눈매에 비해 이상하리만큼 평온하고 안정된 얼굴 근육은 평탄치 않은 인생 굴곡을 겪으신 분이라는 생각이 들었다. 역시나 궁금함을 못 참는 나의 호기심에 머릿속에는 여러 생각이 맴돌기 시작했다.

하지만 누군가에게 살아온 삶의 이야기를 청해 듣는다는 건 꽤나 조심스러운 일이라 기회만 엿보고 있었다. 서로 어색하게 서 있기도 뭐해서 사무실 안으로 들어오시라 해서 따뜻한 보이차를 한잔 대접하고는 작업을 시작했다.

"저는 인물사진 찍는 사람이라 그런지 사람에게 궁금한 게 참 많아요. 누군가에게는 인생살이를 듣고, 어떤 사람에게는 귀감이 될 좋은 영감을 얻기도 하거든요."

마침 그 아주머니가 나와 눈을 마주치며 호감을 보이기에 계속 말을 이어갔다.

"그런데 목소리는 참 고우신데, 왠지 너 참 고생 많았구나. 이리 와라 한 번 안아줄게. 힘들었지? 힘내라고 말하시는 것 같은 느낌이 와요."

그러자 갑자기 눈물을 흘리며 말문을 열었다.

"처녀 때부터 인상이 고약해 보여서 늘 주변에 사람이 없었어요. 그래서 사는 동안 꽤나 외롭고 힘들었어요. 그러다가 50이 넘어가면서 마음도 안정시킬 겸 절에 가서 불공도 드리고 마음공부를 하는데 한 스님이 그러시더라고요. 누군가 시주님에게 목소리가 참 부드럽다고 말을 해주거든 마음공부는 더 안하셔도 됩니다. 그런데 오늘 공부 시작한지 십 년 만에 처음 그 말을 들으니까 처녀 때부터 살아온 인생이 주마등처럼 스치네요. 감격스러워서 눈물이 와락 쏟아지고요."

"참 다행이네요. 아주머니를 처음 본 순간, 그리고 아주머니가 말씀을 하실 때 왠지 제가 힘들었던 시기를 누군가와 깊게 얘기하면서 어루만져지는 느낌을 받았거든요. 그래서 드리는 말이었어요. 그동안 고생이 많으셨겠네요. 제가 초면에 드려도 되는 말씀인지는 모르겠지만요."

보이차를 권하며 한참을 이야기 나누다 귀가하신 아주머님의 뒷모습이 기억에 남는다. 덕분에 퇴근 후 지친 몸을 목욕물에 담그고 눈을 감았는데 오랜만에 느껴지는 포근함이 덮쳐왔다.

"아~ 아픔이 같으면 보이는 거구나."

나 역시 이십대부터 많이 들었던 말이 있다. "내려놓으시죠."였다. 특히 종교인이나 연세가 많은 분들은 늘 지나가는 말처럼 나만 보면 하시는 말씀이었다.

"아니 뭘 내려놓으라는 거지? 나는 가진 것도 없고 잡은 것도 없는데…"

자꾸 뭘 내려놓으라는 말만 듣던 차에 궁금했는데 이제야 그 아주머니 얼굴을 통해 깨달았다. 생각해 보면 내가 원하는 표정을 잡기 위해 한 컷 한 컷을 기다렸다가 촬영하는데 그 기다림의 시간 속에서 내 근육이 뭉쳐지고, 관절이 틀어지면서 몸도 많이 상했었다. 목 디스크는 물론 허리 디스크에 심한 척추 측만증, 닳아 없어진 연골과 종합병원이라 할 만큼 여기저기 몸이 망가지고 나니 정신이 번쩍 들었다.

도대체 건강을 희생하면서까지 하고 싶은 게 무엇이었을까?

그건 바로 남들이 한눈에 알아볼 수 있는 정확한 사진, 느낌 있는 사진, 그걸 잡으려고 하는 그 욕심이었다. 그래야만 모든 것을 이룰 수 있다고 생각했기에 내 욕심을 내려놓을 수 없었을 뿐더러 있지도 않은 '무대사진'이라는 장르를 개척해서 인정받을 때까지 그 인고의 시간들이 나를 변하게 했던 것이고, 나는 그날 아주머니 얼굴에서 내 자신의 얼굴을 보게 된 것이다.

연주 사진 한 컷을 찍기 위해 수백 수천 번을 기다리고 생각하고 또 기다리면서 카메라를 들고 있었던 세월이 어언 30년이다. 긴 시간의 기다림은 몸도 마음도 지칠 대로 지치게 만들었고 사진을 그만둬야 하는 상황까지 간 적도 있었다. 처음부터 촬영을 즐기지도 않았고, 편안한 호흡으로 긴장 없이 편하게 걸어온 길도 아니었다. 많이 아파보니 죽기 싫어 어쩔 수 없이 내려놓을 수밖에 없었을 뿐이다. 아주머니의 얼굴이 남다르지 않았던 이유다.

　어쩔 수 없이 내려놓을 수도 있지만, 몸이 망가질 때 내려놓으면 때가 늦을 수도 있다. 앞사람이 걸어간 길 끝에 그 사람의 발자국이 남는 것은 뒷사람이 잘못된 길로 들어서지 않도록 흔적을 남기는 것이다. 목소리 좋은 아주머니는 그래서 나를 찾아왔다. 더 이상 버거운 상태에서 내려놓지 말고 지금부터라도 지혜롭게 내려놓으라는 가르침을 주기 위해서다. 참 감사한 분이다.

3. 박수무당의 눈물

 박수무당 한 분이 가족촬영을 위해 꽤 먼곳에서 찾아왔다. 어디서 들었는지 몰라도 내가 스토리텔링으로 사진을 찍는다는 이야기를 듣고 일부러 찾아오셨다. 문을 열고 들어오는 엄마 표정에는 뭔가 불안해 하면서도 안절부절 못하는 눈빛이 역력했다. 누나로 보이는 아가씨 얼굴 표정에는 뭔가를 다 포기한 듯한 눈빛으로 가득했다.

 함께 온 아들은 한눈에 보기에도 '나는 무당이요.'라고 말하는 듯 강한 눈빛을 쏘아대고 있었다. 아들이 들어오자마자 나도 모르게 "무당이신가 봐요?"라는 말이 튀어나왔다.

 "저도 가끔 무당집에 가서 점을 본 적이 있는데 그때 뵈었던 분들과 분위기가 비슷한 거 같아서요.(웃음)"

 사진을 찍으며 들은 이야기인즉 원래 엄마가 신을 받아야 하는 것인데 무서워 피하시고, 이어 누나에게 왔지만 누나도 피하는 바람에 결국 막내인 아들에게 일이 닥쳤다는 것이다. 아들 또한 신을 받는 게 무서워서 온갖 방법을 동원해 거절하려 노력했단다. 그러나 모든 것이 수포로 돌아갔고 지금은 극도의 고통 속에서 삶이 날로 피폐해지고 있었다. 결국은 삶을 끝내려고 온 몸에 기름을 붓고 자살 시도까지 했는데 이마저도 관에서 깨어났다고 하니 참으로 기이한 일이었다.

그래서 모든 것을 체념하고 신을 받기로 결정했고, 지금은 무당으로 살고 있다는 것이다. 하지만 자살 시도에서 얻은 화상은 온몸의 3분의 2를 덮게 되었고, 추해진 외모는 이 박수무당에게 평생의 콤플렉스로 남게 되었다.

사연이 참으로 딱했다. 이러저러한 이야기를 하다가 조금 친숙해지고 나니 더욱 편하게 대화를 나눌 수 있게 되었다. 인생의 큰 흐름으로 볼 때 일반적으로 26세에 가질 법한 고민과 생각, 29세에 겪게 되는 갈림길, 31세이나 34세가 되어서 선택해야 하는 무게감 등은 한 번씩 거쳐 가는 인생의 과정이기도 하다.

대학졸업하고 직장 생활을 하다보면 '직장을 한번 옮길까? 아니면 직업을 바꿀까? 그냥 이대로 살아?' 등등 그 나이 대에 갖게 되는 슬럼프들이 있음을 경험으로 알기에 이분에게도 그런 슬럼프의 감정을 느낄 수 있었다.

"좋은 무당이신데 지금 살짝 슬럼프에 빠지셨나 봐요."

무당분이 어떻게 알았냐는 표정으로 "맞아요."라며 눈을 깜빡인다.

"자, 생각을 해보세요. 박수무당 되지 3년 되셨으니 이제는 좀 지칠 시점이고, 점 보신 내용이 다 맞아서 손님들이 계속 찾아오시는 게 아니니 수입도 줄었을 것이고, 무당 생활에 선생님 성격으로 봐서는 세상 밖으로 잘 안 나오실 것 같으니 세상 물정은 잘 모르실 것이고... 돈 많은 귀부인들이 사주를 물으러 와도 이제 갓 26살 청년하고 인생 전반에 대해 인간적인 이야기를 할 생각도 없을 테고. 그러다 보면 선생님은 좀 외로워했을 것 같거든요. 그래서 그렇게 생각했습니다."

그제야 고개를 주억거리며 그렇지 않아도 선배 무당들이 "너 그러다가 외로워 죽는다."는 이야기를 자주했다고 말한다.

직업이 무당인 사람인데 자신감 없이 이야기하는 모습을 보니 나도 마음이 편치 않았다. 나 또한 유년 시절 콤플렉스를 벗어나는데 많은 과정과 번민의 시간을 보내지 않았던가? 그의 마음이 절절하게 와 닿았다.

"선생님이 느끼는 감정을 저도 이해할 수 있습니다. 저 또한 그랬습니다. 하지만 선생님께 상실감을 주고 있는 상처는 오히려 선생님만 겪을 수 있었던 선생님의 인생이었습니다. 감히 말씀드리지만 이것을 잘 활용하시면 좋을 것 같습니다."

나는 계속 말을 이어갔다.

"사실 사람들이 무당을 찾아오는 것은 묘책을 얻으려고 온다고는 하지만 실은 답답한 마음을 털어놓고 이야기 나누고 싶은 사람들이 찾아오는 게 아니겠어요? 그만큼 이야기를 잘 들어주고, 그러다보면 전혀 예상치 못한 부분에서 해답이 나올지도 모르니까요. 생각해 보세요. 몸이 이러니까 선생님은 세상 사람들과 어울리고 싶지 않고, 방 안에 틀어박혀 온갖 책들을 섭렵해도, 지식보다는 지혜를 더 필요로 하는 직업이잖아요. 선생님은 누군가를 사랑하고 좋아할 수 없다고 생각할 수 있을 거예요. 그런데 제가 누군가를 사랑할 수 있는 마음을 가졌다고 칩시다. 둘이 이루어지지 않더라도 말이죠. 근데 그 사랑이 깨졌어요. 그럴 때 저는 마음이 많이 아프고, 너무 힘들 거예요. 하지만 그런 상처를 통해 정신적으로 성장하는 거 아닐까요?"

같은 이유로 누군가 당신 앞에서 연애운 때문에 사주 보러 왔다고 치면 서로 같은 감정을 느끼지 못하는 상태에서 '아, 무척 힘드시겠네요'라고 얘기할 수 있다. 마치 강 건너 불구경 하듯이 남 이야기 듣는 기분이 아닐까? 그러면 손님들이 어떻게 생각할까, 그렇게 물었다.

"하지만 선생님은 큰 고통을 겪어봤고, 지금도 많이 아프고... 오히려 감추지 말고 더 드러내서 저도 이렇게 아프답니다. 그러니 당신은 얼마나 아프시겠어요? 라고 상대를 끌어안아 준다면 상대는 자기의 슬픈 감정을 알아주는 것만으로도 마음이 풀릴 겁니다. 그러면 혹여 사주가 틀려도 그게 그리 중요하게 느껴지지 않을 겁니다."

사람들은 그게 필요하면 필요한 거라 생각한다. 그리고 그 사람 이야기를 바로 앞에서 들어줄 때 이미 반은 해결된 것이다. 당장의 방책을 주는 것보다 그 사람 입장에서 마음 구석에 있는 작은 부분을 이해하고 감싸주는 것이 그 사람의 문제를 해결하는데 중요한 연관성이 있다고 생각한다.

그러니까 공감대 없이 이야기하는 것보다 같이 아파하고 같이 힘들어 하고 이해해 주는 마음이 그 사람 마음을 더 열게 한다. 나는 그에게 바로 그 점을 설명했다.

"만약에 무당을 하나의 기능적인 면으로 본다면 반절은 맞고, 반절은 안 맞을 수 있습니다. 그러면 또 반절 맞은 사람 중에 또 반절은 나중에 안 맞고, 그 반절만 맞을 것이고... 손님들이 자꾸 줄어드는 악순환이 반복될 거에요. 당신은 점차 외로워지고, 사람관계도 점점 좁아질 겁니다. 그럼 이렇게 사느니 차라리 서로 인간적인 아픔을 같이 하고 남에게 할 수 없는 얘기들을 다 털어 놓고 돌아갈 수 있도록 기회를 준다고 치면, 그게 바로 지금 시대의 좋은 무당이 아닐까 생각해요. 함께 살아가는 카운슬러 같은 무당이면 더 좋지 않을까요?"

무심한 듯 이야기를 듣던 박수무당은 자기 뒤에서 자신을 지켜주는 신께서 "이 사람 이야기 잘 들어라."고 했다고 고백했다.

나는 "무당한테 무당짓 한다고 마구 혼내시는 것 아닌가요?"라고 말하면서 껄껄 웃었지만 사실 속으로는 좀 으스스했다. 박수무당은 평소에 고민하던 것과 선배 무당이 많이 말씀해주셨던 것이 오늘 이 자리를 통해 한 번에 이해되고, 마음이 확 바뀌는 느낌이 들었다고 했다.

"아, 그것은 제 이야기 때문이 아니라 선생님께서 많이 아프고 힘들었던 경험으로 이미 준비가 되셨기 때문에 변화될 수 있는 것입니다. 단지 적절한 타이밍에 제가 도움이 된 거죠. 그동안 많이 힘드셨나봐요."

사진 작업을 다 끝내고 한참을 이야기 나누던 세 분의 가족은 들어올 때와는 달리 가벼운 얼굴과 눈빛으로 스튜디오 문을 나섰다. 그들의 뒷모습을 보며 어느 시인의 말이 생각났다.

"내가 먼저 흘린 눈물은 남의 눈물을 닦아 주라고 먼저 흘린 눈물이다."

아마도 그 박수무당이 그렇게 많은 눈물을 흘렸던 이유도 그분의 도움이 필요한 누군가를 위한 준비 과정이 아니었을까? 어떻게 보면 무당의 일이 결국 무당을 통해 남의 마음을 열고, 같이 공감할 수 있는 역할을 수행한다면, 아마도 내가 사진이라는 직업으로 사람들과 소통하고 함께 나누려고 하는 것 또한 그런 것이 아닐까?

우리 떨어져 살면서도
오래 헤어져 살면서도
스스로 행복하기로 해요
그게 오늘의 약속이에요

– 나태주

4. 잃었던 자신의 모습을 찾아주는 사진

　죽을 때까지 잊지 못할 일이 몇 개 있는데 그중 하나가 먼저 떠난 친동생의 일이다. 동생이 어느 날 암 진단을 받았다. 형으로서 어떻게든 살리고 싶었고, 동생을 데리고 이 병원 저 병원으로 미친듯이 쫓아 다녔다. 조그마한 희망이라도 붙들고 싶었던 우리는 지칠 대로 지쳐갔고, 결국 한 달 후 의사는 동생에게 시한부 인생을 선고했다. 하지만 내 동생을 그렇게 놓고 싶지 않았기에 조금이라도 효과가 있다는 치료법을 알게 되면 앞뒤 안보고 찾아갈 만큼 절박함만 커져갔다.

　이때 지인 소개로 한 의사를 만났는데 이분은 사람 마음을 힐링하는 방법을 치료의 기본으로 삼았다. 힐링 방법으로 우리 형제를 서로 부둥켜 끌어안게 만들고 내가 동생에게, 동생이 나에게 말을 시키게 했다. 동생을 너무나 살리고 싶었지만 사실은 동생이 죽을 거라는 두려움이 가슴에 가득 차서 의사가 시키는 말들을 제대로 할 수 없었다. 정작 죽음을 앞둔 동생은 모든 것은 받아들이는 듯 의사가 이야기하는 대로 나에게 해야 할 말들을 전혀 빠트리지 않고 모두 따라 했다.

당시에는 눈물만 나고 가슴 먹먹해 정신을 못 차렸지만, 그 기억만큼은 십년이 넘도록 강한 이미지로 남아있다. 그때 받은 강한 인상 때문일까? 나는 사진작업에 이 방법을 꼭 활용해 보겠다고 마음먹었다.

어느 무더운 여름날이었다. 두 모녀가 스튜디오로 가족사진을 찍겠다며 들어왔다. 모녀가 들어와 조금 머뭇거리기에 아버지를 기다리는 거라 생각하고 소파에 앉도록 안내했다. 그리고 촬영준비를 나섰다. 그런데 시간이 지나도 아버지는 나타나지 않았고, 순간 '이 여자분이 남편과 사별 아니면 이별했구나.' 하는 직감이 들었다.

아버지 이야기는 꺼내지 않고, "자 사진 찍으실 준비되셨나요?" 라며 가볍게 말을 건네고 모녀의 눈치를 살폈다. 보통의 사춘기 아이들이 엄마와 사진 찍으러 오면 "엄마, 우리도 이렇게 찍을까?" "이 액자 예쁘겠다." "이 포즈로 하자" 등 말이 많아지기 마련이다. 이 아이는 다소곳하게 앉아 말이 없었다.

가족사진을 찍을 때 아버지와 같이 온 경우에는 군대생활 이야기를 꺼내며 접근하기 편한 대화로 긴장을 풀고 시작한다. 이 모녀는 너무 힘들어 보이는 모습이라 말 꺼내기가 조심스럽기만 했다. 한참을 망설이다 정적을 깨고 한마디 던졌다.

"꼬마야, 너 엄마 눈 색깔 한번 봐 볼래? 자세히 한번 봐주면 아저씨가 촬영 끝날 때까지 그런 부탁 안할게. 한 번만 아저씨 부탁 들어주면 다른 것들은 안 해도 돼."

아이 얼굴에는 다소 귀찮은 표정이 역력했다. 저 아저씨 요구대로 한 번만 들어주면 크게 손해 볼 건 없겠다 싶었는지 엄마 눈을 잠깐 쳐다보고는 곧바로 고개를 숙이려는 듯 했다.

아이에게 말을 하는 동안 엄마의 표정도 보고 있었다. 엄마의 얼굴에는 '아저씨 시키는 대로 내 눈을 한 번만 봐주면 지금 죽어도 여한이 없을 거 같아.' 싶을 정도로 절실함이 묻어있었다. 순간 순간을 관찰하며 이 모녀의 분위기를 파악하려 했다. 그런 간절한 표정으로 쳐다보는 엄마의 눈을 본 아이는 엄마 얼굴에 잠시 시선이 고정되어 있었다.

그 순간 아이는 '별로 하고 싶지 않았는데 어쩌지?" 하며 당황해하는 표정이었다. 이때다 싶어 "엄마 가슴에 얼굴을 한번 묻어 볼래?"라고 말했고, 아이는 아주 자연스럽게 끌어안듯이 엄마 가슴으로 잽싸게 얼굴을 숨겨버렸다. 마무리가 필요하다고 생각한 나는 딸아이에게 다음 요청을 주문했다.

"꼬마야, 이제 아저씨가 시키는 대로 따라서 말해 줄래?" '엄마, 원래 그렇지 않아. 내 마음은 그렇지 않아.'

그리고 엄마에게도 몇 가지 말을 요청했다. '그래 내 딸아, 엄마가 미안하다.' 등등...

마치 신 내림받은 무당처럼 엄마와 딸을 오가며 그 심정에 빙의되어 서로 하고 싶은 말을 털어냈다. 어릴 때 하고 싶지 않은 일을 누군가 강제로 시키면 불만이 있었지만 어쩔 수 없이 해야만 했던 기억이 떠올랐다. 상황이 좋지 않을 때는 눈도 마주치기 싫을 정도로 부정적 감정이 생기기도 했지만 어쨌든 해내곤 했다. 그렇게 조심스러운 분위기 속에서 모녀 가족사진 촬영은 큰 문제없이 마무리 되었고 평온하게 마무리되었다.

다음 날 예상치 못한 엄마의 이메일 한통이 도착했다. 촬영 당시 분위기가 마음에 걸렸던 엄마가 답답했던 속마음을 담은 내용이었다. 이혼한지 1년 된 가정이었다. 당시 어린 아이였던 딸은 부모의 이혼을 이해할 수 없었다. 엄마는 남편과 딸에게, 딸은 엄마와 아빠에게 서로 상처를 주고 받은 셈이 되었다. 결국 우울증이 올 정도까지 서로의 감정상태가 심각해졌다. 딸은 이 모든 상황이 싫었고, 엄마 아빠가 너무 원망스러워했던 모양이다.

오죽하면 함께 사는 엄마와 1년 동안 단 한 번도 눈을 마주치지 않았을까? 엄마는 너무 속이 상해 있고 계속 죽고 싶을 만큼 힘든 상황이었다. 그래도 딸과 좋은 가족사진 한 장 찍고 싶어 스튜디오를 찾아 왔다는 것이다.

엄마는 사진을 찍으러 오면서도 딸이 한 번만 엄마 눈을 봐준다면 여한이 없겠다 싶은 마음이었다. 마침 촬영장에서 아이가 자기 눈을 봐주니 너무 감격했고 잠을 못잘 정도였다. 엄마는 이메일에 그 감동을 고스란히 전해주었다.

사람의 마음은 눈빛에 나타나는 법이다. 딸도 엄마의 눈을 보는 순간 엄마의 진심을 읽었을 것이다. 그래서 눈을 뗄 수가 없었고 자기도 모르게 너무 창피해서 엄마 가슴에 얼굴을 묻고 숨어버린 것이다.

　동생과 함께 '살기 위해' 사투를 벌이던 그때, 그 의사가 우리에게 주셨던 감동처럼 나도 무엇인가 이 두 모녀에게 작은 선물 하나를 준 것 같았다. 딸아이도 엄마 나이가 되면 엄마 아빠에 대해 더 많은 것을 이해할 것이다. 엄마에게 다음과 같이 회신했다.

　"아픔이 같으면 보이는 게 있습니다. 어머니를 처음 봤을 때 이혼 때문에 얼마나 힘들어하고 있는지 느낄 수 있었습니다. 그 아픔이 삭혀지지 않은 상태로 많은 시간이 흘렀다는 것도요. 따님과 함께 있을 때 두 사람의 표정을 보며 뭔가 힘이 되어 줄 사진을 찍고 싶었습니다. 어머니, 세상에는 훨씬 따뜻한 마음을 가진 좋은 사람이 많습니다. 어머니가 어려울 때 손을 내밀지 않으면 아무도 어머니가 얼마나 힘든지 알 수 없어요. 혼자 힘들어하지 말고 바로 옆 사람에게 손을 내밀어 보세요. 어머니를 도와줄 사람이 많이 있습니다. 세상은 그렇게 차갑지 않거든요. 그리고 고민을 들어줄 사람 또한 많습니다. 힘내세요. 두 분의 추억이 될 사진에 아이의 밝은 표정을 담을 수 있어서 저도 참 기분이 좋습니다."

　그 어머니가 사진을 찾아갈 때 주문한 것보다 좀 더 큰 사이즈로 사진 작업을 해서 드렸다.

　"좋은 느낌은 사진이 클수록 더 배가됩니다. 두 분이 저에게 행복을 주셨으니 저도 선물을 드리는 겁니다. 딸과 행복하게 잘 지내십시오. 함께 해

주서서 너무 감사합니다."

그 어머니의 주변 이웃들이 집에 놀러 왔다가 가족사진에서 아이의 밝은 표정을 보길 기대한다. 그들이 알고 있던 측은한 아이와 원래 아이가 가진 행복하고 밝은 표정 사이에서 그 아이 역시 본래 모습을 알게 되길 바란다.

인물 사진은 사진작가가 혼자 하는 작업이 아니라 함께해야 가능한 사진이다. 좋은 사진 한 컷은 그 사람의 과거 모습을 찾아 줄 수도 있고 잃어버린 자신의 아름다움에 대한 확신을 줄 수도 있고, 삶에 생기를 불어 넣을 수도 있다. 이런 점이 사진작가의 길을 걷게 해주는 자부심이자 자신감이다.

5. 혀짧은 학생의 감성 회복기

어머니가 돌아가신 후 어떻게 사는 것이 좋을지 고민했다. 어머니께 못다한 마음이 언제나 나를 힘들게 했기 때문이었다. 어머니는 평생 자식을 위해 기도하는 모습으로 남아 있었고, 어머니가 다니시던 성당을 찾기 시작한 것도 그때였다. 그러던 중 성당에서 봉사를 할 기회를 갖게 되었고, 신부님께 청해 신도들을 대상으로 사진교육을 하게 되었다. 그렇게 시작된 사진교육 첫날, 칠판에 내 이름 석자를 적었다.

"제가 오늘 여러분께 가르쳐 드릴 것은 사진이 아닙니다."

사진교육을 한다 해서 모였는데 사진교육이 아니라고 하니 다들 놀라서 나를 쳐다본다.

"저는 사진 찍는 기술을 알려 드리려는 게 아닙니다. 여러분이 왜 사진을 찍으려는지, 사진을 어떻게 생각하는지를 들으며, 여러분과 대화할 겁니다. 제가 장담하건데 이 강의가 끝날 때면 사진에 대한 여러분의 생각은 많이 바뀌어 있을 겁니다."

모두가 '이사람 무슨 소릴 하는 거야?' 하는 표정으로 나를 쳐다보았다.

수강생을 찬찬히 둘러보았고, 그 중에는 평소 눈여겨보던 장애가 있는 여학생이 눈에 들어왔다. 그 학생은 혀가 짧아 평소 말하는 걸 부담스러워 하는 친구였다. 첫 대화 상대로 이 학생을 선택했다.

"학생은 왜 사진을 배우려고 하지?"

"저요? 저는 영정사진 찍는 자원봉사를 하고 싶어서요."

학생과 단 둘만의 대화였지만 수강생들이 다 들을 수 있게 또박또박 이야기했다.

"아저씨 눈에는 학생이 다르게 보여서 하는 이야기인데, 약간 마음을 불편하게 할 수도 있지만 중요한 얘기야. 지금 이 자리에서 이야기해도 될까? 듣기 싫으면 안 할게."

학생은 잠시 고민하더니 이내 해도 된다며 미소 지었다.

"학생은 다른 사람보다 부족하다는 생각을 갖고 있을 거야. 학생도 알지? 네가 다른 사람과 이야기할 때면 눈을 마주치지 못하고, 항상 아래를 보고 있는 걸... 다른 사람들도 네가 몸이 불편한 걸 아니까 학생을 편하게 대해 줄 거야. 그런데 그들 중 학생의 예쁜 눈을 정면으로 본 사람들은 몇 명이나 될까? 그 아름다운 눈을 보지 못한 사람들이 학생이 어떤 사람인지, 어떤 마음인지 알 수 있을까? 한두 번은 학생이 사진을 찍을 수 있겠지만, 학생보다 사진을 더 잘 찍는 사진사가 나타나면 학생의 존재감은 사람들 기억에서 사라질 거야. 이게 나에게 보이는 학생의 모습이거든."

여학생은 좀 실망한 표정을 지었지만 이야기를 이어 나갔다.

"조금 전에 네가 '여띠보떼요.' 하면서 자세를 취했는데 사람들이 웃었잖니? 세상에는 '게다가'라는 나쁜 표현들이 있어. 게다가, 게다가, 게다가, 만약 나라면 지금 상황에서 다르게 했을 것 같아."

아이는 더 실망한 표정이었고 나는 아랑곳하지 않고 본론으로 들어갔다.

"내가 보니 네 마음속 밑바닥에 깔린 언어에는 증오심 같은 화가 담겨 있어. 만약에 내가 학생이라면(what if) 몸을 비스듬히 틀고 외모를 반듯하게 하면서 말을 시작할 거야. 그래도 지금처럼 사람들은 웃겠지? 학생은 여전히 '여띠보떼요.'라고 말할 테니까... 그 다음 1초도 안 되는 시간에 너는 화가 난 상태로 눈을 똑바로 뜨고 '무시하지 마세요!' 하는 마음으로 상대를 쳐다보면서 증오심을 먼저 터뜨릴 것 같아."

아이는 거의 울기 직전의 표정으로 변했고, 사람들은 내입에서 무슨 말이 나올지 걱정 반 궁금함 반으로 집중하고 있었다.

"내가 학생이라면 말이다. 사람들이 웃을 때 잠시 멈추고 천천히 호흡을 할 거야. 그리고 반 박자 느리게 말하는 거지. 집중되게 말이야. '저는', 그러고 나서 2초 후 다시 천천히 호흡하고 다시 반 박자 느리게 말하는 거야. '혀가 짧습니다.' 그러고 나서 다시 반복하는 거야. 반 박자 느리게. '히지민이 일을 잘 하고 싶습니다.' 그러면 처음 상황과 완전히 다른 변화가 생길 거야. 사람마다 진심으로 하고 싶은 말이 진짜 언어 아닐까? 몸이 불편하다 해도 그게 바로 학생 자신이야. 네가 원하는 일에 도전해 봐. 하늘은 너에게서 혀의 반을 가지고 가면서 남은 혀의 반으로 사람을 움직이는 힘을 주신 거야. 난 그렇게 생각해. 콤플렉스의 원인이 세상 사람들과 다른 것이라면 그 다르다는 것은 '세상을 움직일 수 있는 힘'이라는 사실을 알라는 것이야."

그제야 학생의 얼굴은 밝은 표정으로 환하게 빛나기 시작했다.

"타성에 젖어 발전하지 못하고, 분노라는 화염에 휩쓸리는 순간 더 위험해지는 거야. 그래서 언제나 진실되고 처절한 언어로 이야기 하면 넌 언제나 좋은 사람인 거야. 사진을 매커니즘적으로 접근하고 배우는 것보다 사진을 통해서 만나는 사람들과 무엇을 나눌지를 이야기하라는 게 오늘 내가 너에게 하고 싶은 사진 이야기야."

듣고 있던 다른 수강생들도 이제야 안심하는 듯 여기저기서 미소 짓는 사람들이 보였다. 아마도 내가 하는 말이 여학생에게 상처로 남을까봐 내심 걱정되었던 것 같았다.

어딜 가서 사진 강의를 해도 기술적인 부분부터 접근하지 않는다. 더구나 요즘처럼 사진 찍는 도구나 소프트웨어 기술이 발달한 시대에 기술적 접근이 무슨 소용이 있을까도 싶다. 카메라를 피사체에 향하고 누르기만 해도 작가 못지않은 사진이 찍히는 세상 아닌가.

하지만 기술이 따라가지 못하는 것은 인간의 감성이고, 감성은 사람과 사람간의 교감에서 나온다. 한 장의 사진, 한 장의 그림 앞에서 발걸음이 떨어지지 않는 감동을 느껴본 적이 있다면 내 말을 이해할 수 있을 것이다.

구도의 균형이 안 맞아도 느껴지는 감성이 있어야 한다. 인물사진이라면 주인공의 인생이 느껴질 수 있어야 한다. 그 사람의 진짜 표정이 살아나야 한다. 진짜를 놔두고 조명에, 카메라 조작에, 스튜디오 디자인에 집중하면 진짜 사진은 나올 수 없다.

사진을 찍는 사람은 스스로가 진짜가 되어야 하고 솔직해져야 한다. 그래야 사진에 찍히는 사람도 자신을 드러내어 진짜를 표현할 수 있다. 사진을 통해 무엇을 나눌지 고민하는 이유도 그렇고, 사진을 잘 찍고 싶어하는 이들에게 알려주고 싶은 것도 이것이다.

6. 포기하려 할 때 일으켜준 분들

　사람의 인연이 한 사람의 일도, 운명도 바꿔놓았다. 아마도 가장 아끼는 사진이 뭐냐고 묻는다면 한 장의 사진을 꼽을 수 있다. 찍을 계획이 없었는데 어쩌다 그냥 셔터를 누른 컷이 있다. 왜 찍었는지 나도 모르지만 지금은 제일 좋아하는 사진으로 남았다.

　지금은 고인이 되었지만 평소 너무 잘 알고 지내던 음악가가 있었다. 홈페이지에 게재하고 싶어 김도형을 표현하는 문장 한 줄을 부탁드렸을 때 '작가 김도형 씨는 연주자의 멋진 모습과 찰나를 기억하기 위해 수백 수천 번을 기다리고 또 기다린다.'라고 써주신 게 엊그제 같다. 사진작가의 길을 걷는다는 것이 너무 힘들고 지칠 때가 있었는데 그때 제일 먼저 생각난 분이기도 하다.

　"처음 무대사진에 저를 이끌게 한 분이 선생님이십니다. 이젠 제가 이 일을 그만두려 합니다. 그래서 그것도 제일 먼저 아셔야 할 것 같아 말씀드리려고 왔습니다."

　선생님은 잠시 아무 말 없이 내 얼굴을 물끄러미 보시기만 했다. 나와 내 사진을 좋아해주시는 선생님은 여러 분이 계시지만 이 분은 너무 정감어린 특유의 말투로 나를 편안하게 해 주시는 분이었다.

    한참 침묵하던 선생님이 입을 여시며 이런 말씀을 하신다.

    "도형 씨~, 그만 안 두시면 안돼요?"

    "왜요? 선생님 저 너무 힘들어요. 제가 이렇게 힘든데 제가 왜 더해야 죠?"

    "우린 당신과 당신의 사진이 필요하니까요."

    순간 머릿속이 하얘졌다.

    "잠시 생각 좀 해 볼게요, 선생님."

    이 말 한마디를 남긴 채 인사도 하는 둥 마는 둥 하고 거처를 나왔다. 그 후 다시 십년이란 시간이 흘렀고, 나는 여전히 무대사진을 찍고 있다. 30여년을 사진과 함께 하면서 그만두고 싶다는 생각을 참 많이 했었다. 사진사라면 누구나 촬영할 수 있는 공연사진이건만 왜 이토록 고집하면서 걸어왔을까? 그러면서도 아무나 할 수 있는 사진은 아니라고 고집스럽게 생각하며 무대사진을 어렵게 끌고 왔다. 돌이켜보면 힘든 여정이었다.

    그 힘든 여정을 거치면서 증명사진도 곧 공연사진이 되며, 프로필사진이자 가족사진이며 인물사진이라는 생각이 미치게 되었다. 오랜 기간 사진을 찍다보니 모든 사진에는 일맥상통하는 맥이 있었다. 나름 깨달았다는 생각에 사진이 소명의식으로 다가왔고, 내 사진 촬영의 든든한 바탕이 되었다. 한 가지 일을 무조건 오래 했다고 그 일의 전문가라는 말은 허튼소리다.

오래하다 보니 반복되는 과정에서 익숙해진 것을 상품으로 내놓는 곳도 있다. 상품이라고 한다면 뭐라 이견은 없지만 적어도 전문가라면 자신의 결과물에 상품 딱지가 붙은 것이 싫을 것이다. 적어도 난 싫다. 기본적으로 스튜디오의 인조 조명 아래서 공연사진 찍듯 사진을 찍어달라는 요구가 싫다. 그래서 고객이 이런 요구를 하며 촬영 요청이 들어오면 아무리 많은 비용을 지불한다고 해도 거절하는 편이다.

무대는 무대 느낌으로 해야 진짜다. 무대언어가 따로 있고, 무대촬영 매너가 따로 있는 법이다. 모든 일에는 그 일만의 법칙이 있는데 이는 사람이 만든 규율과는 다르고, 애정을 가지고 집중해서 보지 않으면 웬만해서는 보이지 않는다. 무대촬영은 포토샵 처리 자체를 하지 않는 게 내 원칙이다. 좋은 사진을 만들겠다고 무대촬영에서 플래시를 사용하는 사람이 있다. 말도 안 되는 엉터리 발상이다. 오랜 시간 연주무대를 지켜보면서 진짜 느낌을 찾았고, 이것은 지켜야 하는 법칙이자 나만의 고집이다.

연주무대 촬영은 방음벽 없이 찍는 상황에서도 셔터소리가 음악소리에 묻혀 들리지 않아야 한다. 무대공간에서 터져 나오는 카메라 셔터소리는 연주자와 청중을 배려하지 않는 가장 무식한 소리이기 때문이다. 요즘은 카메라가 좋아져서 굳이 신경 쓰지 않아도 절로 배려가 되는 세상이지만, 아무리 카메라 기술이 발달하고 디지털세상이 되었지만 아날로그에서 가지는 특유한 인간의 감성과 정신은 잊지 말아야 한다는 것이 철학이다.

"원샷! 원킬!"

이십 년 전은 진짜 무명이고 아무 준비도 되어 있지 않는 젊은 시절이었다. 촬영하러 갔다가 경우 없이 말을 거는 사람을 만났고 촬영 내내 심기를 불편하게 하는 일이 있었다.

그런데 그날 찍은 그 분의 프로필 사진 한 장을 한 컷으로 잡아내서 살짝 화제가 되었다. 그 한 컷을 찍기 위해 내 속을 긁어대는 태도와 말투를 참아내며 이야기하고, 관찰해가며 한 시간을 기다렸다. 그러다가 순간의 한 컷 촬영!

"이게 마음에 안 드시면 원하시는 대로 하십시오. 이 바닥에 소문을 내시거나 저를 원망하셔도 상관하지 않겠습니다."

다행히 좋았던 모양이었다. 이년 뒤 그분이 나에게 다시 촬영 의뢰를 해왔고, 그때는 두 컷을 촬영하며 그분과 더 친해질 수 있었다. 지금 생각해보면 '뭐, 그럴 필요까지 있었나?' 하는 생각도 들지만 그때는 여러 가지 상황에서 힘들었던 자격지심이 아니었나 싶기도 하다.

내게는 자존심을 건 싸움이었기에 비장할 수밖에 없었고, 어쩌면 가진 것 없는 젊은 사진사의 혈기였을 수도 있다. 아날로그 감성을 가진 청년의 객기일 수도 있겠다. 그 일을 계기로 다행히 나의 자존감은 더욱 깊고 강해졌다.

전문가의 길을 걷기란 외롭고 힘들다. 나 역시 예외는 아니다. 그때마다 고마운 분들의 말 한마디 행동 하나로 다시 일어나고, 뛸 수 있는 계기가 되었다. 이제는 그분들께 받은 고마움을, 내 젊은 시절처럼 힘들고 외로운 누군가에게 베풀며 힘이 되고 싶다.

7. 비구니 스님의 눈물

    스튜디오에는 정말 다양한 직업과 사연을 가진 분들이 찾아온다. 천태만상의 사람들을 만나고 그들의 이야기를 듣다보면 함께 울고 웃는 작은 사회 같은 장소가 바로 스튜디어다.

    사진인생 중에 특별하게 남는 작업이 있다. 찬불가 CD 자켓 사진을 찍으러 온 비구니 스님이다. 내가 상대하는 분들은 음악가가 많고 오랫동안 겪어봤기 때문에 첫 만남에 내가 무슨 이야기를 하든 기본적으로 서로 신뢰가 있다. 따라서 촬영 중 작은 실수가 있어도 양해가 되지만 자주 접해보지 못한 비구니 스님과 작업을 하려니 상당히 조심스러웠다.

    그분의 인생살이가 궁금했지만 남자 스님도 아닌 비구니 스님이다 보니 가볍게 다가갈 수 없었고, 조심스럽게 체크하면서 진행하려니 어느덧 1시간 정도가 훌쩍 흘렀다. 일방적으로 찍고 싶은 그림으로는 좋은 아이디어가 떠올랐지만 아직 그분 본연의 모습을 보지 못했기에 확신이 서실 않았다.

    촬영하는 동안 '아~, 이분은 이런 느낌이겠구나!' 하는 느낌이 있어야 촬영에 자신감이 생기는 법인데 그런 분위기를 캐치하지 못했다. 왠지 인형을 찍듯이 감정 교류가 없으면 무엇인가 잘못 풀어가고 있는 것이다. 더 이상 촬영한다고 해서 더 좋은 결과를 낼 수 없을 것 같다는 판단을 내리고 촬영을 끝내기로 마음먹었다.

"스님, 애쓰셨어요. 이제 끝났습니다."

내가 말을 건네자 스님은 입고 있던 옷을 풀어 차곡차곡 정리하기 시작했다. 그런데 그 모습을 보던 나는 갑자기 촬영을 풀어갈 수 있는 영감이 떠올랐다. 스님 몸에 두른 옷가지를 곱게 정리하는 모습을 보던 나는 순간 그 스님이 부처를 만난 듯 너무 행복해 보였고, 속세를 떠난 산중생활의 단아한 모습이 그려졌다.

"스님, 지금 정리하시는 그게 뭡니까?"

"이게 불가에서는 부처입니다."

이 말을 듣는 순간 '그래, 바로 이거야!' 그런 생각이 들었다.

"스님, 제가 여태까지 찍었던 사진은 다 무시하고 가시 한번 찍죠. 갑자기 영감이 떠올랐습니다. 이쪽으로 오세요."

스님을 처음 만났을 때 첫 질문은 정말 투박했다.

"스님, 속세를 떠나 머리 깎고 산으로 가셨을 때 목탁 두드리면서 먹고 싶은 것도 못 먹고, 하고 싶은 것도 못하고 기본적인 욕망도 다 버려야 하셨을 텐데 참 힘 드셨겠어요."

"그랬죠. 목탁은 두드리지만 삼겹살도 먹고 싶고, 소고기도 먹고 싶고, 피자도 먹고 싶고, 스파게티도 먹고 싶었죠. 그러나 참아야 하느니라."

스님이 해탈한 듯 미소 지으며 해주는 말씀에서 '참 재미를 아는 멋진 스님이시네.'라는 생각을 했다.

나는 내 온 감각을 집중하며 스님에게 감정 이입을 시작했다.

"스님, 이제부터 제 말을 따라 상상해 주세요. 가사를 끌어안으시고, 아, 먹고 싶은 삼겹살이다, 스파게티다, 짜장면이다, 너무 좋다, 즐겁다, 행복하다 하시면서 몸에 끌어당기시면서 좋아라, 좋아~ 해보세요."

그러자 너무도 쉽게 협조해 주시는데 느낌이 정말 좋았다. 촬영할 때면 늘 중요하게 여기는 중요한 키워드가 있는데 '호흡하고, 조율하고, 흐름을 타라.' 이 세 가지 언어다. 비구니 스님 사진에도 당연히 적용하는데 스님이 재미있게 촬영을 즐기는 과정 중에 내가 관여하며 이런저런 주문을 던지고 스님의 감정을 끌어내는 것이다.

"호흡을 천천히, 자~ 이번엔 동작을 아주 느리게..."

"천천히, 천천히, 지금 스님의 죽은 아들이 제 옆에 와 있다고 생각하세요. 아들이 천천히 스님에게 다가가고 있어요. 왼발, 오른발, 왼발, 오른발 천천히 가고 있어요. 이제 다 갔네요. 지금 스님 계신 옆 자리에 있어요. 아들이 엄마를 쳐다보면서 '엄마~'라고 부르네요. 그리고 천천히 이야기를 하네요."

스님은 내 말에 맞추어 천천히 몰입하면서 손에 쥐어진 가사를 움켜잡고는 가슴에 탁하고 끌어 안으셨다. 나는 가사를 끌어안는 순간을 찍으려고 기다렸고, 찰나의 그 순간이 왔지만 결국 셔터를 누르지 못했다. 그렇게 기다리던 찰나의 순간, 그 1, 2초는 나에게는 감정적으로 압축된 표정을 찍을 수 있는 굉장히 중요한 시간인데도 말이다.

"아냐, 아직 뭔가가 안 나왔어."

나도 숨 막히는 순간이었고 이대로 촬영이 끝날 것 같은 생각마저 들었다.

그때였다. 정말 한 호흡의 순간, 스님은 더 심각하게 오열하듯 가사를 끌어 안으면서 눈물 한 방울이 떨어지는 것이었다. 그 타이밍이 너무 기가 막혔고, 그때 클로즈업으로 촬영을 했는데 이렇게 내 사진 인생에 손에 꼽히는 작품이 탄생하게 되었다.

사진작가는 기다리던 극적인 순간을 카메라에 담을 수도 있고, 놓칠 수도 있지만 그 순간 온통 몰입해 많은 것을 함축한 스님 표정을 보았다는 것만으로도 대단한 행운인데 사진까지 찍었으니 더할 나위 없었다. 이렇게 또 한 분에게 '인생 컷'을 선사할 수 있게 되었고, 영감을 받은 나는 내친 김에 CD 표지 디자인에도 의견을 드렸다. 정사각형 사이즈의 CD 앞면 표지 한쪽 구석에 빨간 글씨로 '스님! 스님! 외로우십니까?'라는 글을 삽입하시라고…

수행하시는 스님이 가사를 끌어안고 우는 모습은 너무 인상적이었다. 수행하며 해탈의 길을 향해 가지만 그 과정은 너무도 외로운 길임을 느낄 수 있었기 때문이다.

또 하나 중요한 것은 수많은 CD가 판매되고 있는데 그 중에서 가장 먼저 눈에 띄어야 선택될 것 아닌가. 그래야 숭고한 종교음악을 통해 한 사람이라도 평안을 경험할 수 있을 것이다. 그게 CD의 목적이라 생각했다. 그런 면에서는 종교음악 CD에 부합했던 사진으로 자부한다.

하지만 후에 들려온 소식은 아쉬움 그 자체였다. 너무 지나친 연습을 하던 스님은 결국 목이 고장나는 바람에 CD가 완성되지 못했다는 것이다. 누군가의 사진을 찍는 것이 단순히 셔터를 누르는 작업은 아니다. 사진사는 짧은 시간 안에 이런 저런 이야기를 늘어놓기도 하고, 마음을 열었다가 쉬기도 했다가 하며 기승전결을 나누어 주인공 감정의 굴곡선을 찾아내야 한다.

내 노하우는 순간순간 주제를 바꾸기도 하고 공감대를 형성해 가며 중요한 소재를 찾아서 대화의 말문을 느낌대로 찾아가는 방법을 쓰는데, 절대 틀을 만들지 않는 것이다. 사진 한 장은 돌처럼 굳어져 있는 사람 마음을 뭉클하게 하는 대단히 중요한 역할을 한다.

아무런 이야기도 하지 않은 채 "이 사진, 느낌 어때요?" 하면서 내미는 사진 속에서 그날의 이야기를 푸는 진솔한 공간감이 찍혀 있다면 보는 사람은 숨을 죽이고 집중하게 된다. 그래서 가끔 사진은 시간예술이 아니라 공간예술이 아닐까 생각해본다. 사진 찍는 순간의 진솔함이 다른 사람에게도 전달되는 그런 사진은 일생에 한번이라도 소장할 수 있다면 엄청난 행운인지도 모른다.

자신 있게 내 작품으로 내놓던 사진이었지만 CD가 완성되지 않았다는 소식을 듣고 다시는 그 사진을 다른 사람들에게 보여주지 않았다. 공개적으로 발매되지 않은 상황에서 그 사진은 스님 한 분만을 위한 컷이 되었고 나도 좋은 추억으로 남기고 싶을 뿐 가볍게 쓰고 싶지 않았다. 평생을 남길 인생 사진, 그것은 바로 인물 사진이고, 이 책을 읽는 독자 여러분도 그런 사진을 소장하는 행운을 누리기 바란다.

나는 나로서
독특하고 소중한 존재이니
누구랑 비교하지 말고
나만의 삶을 이루어가자

– 정연복

3장
이야기 사진

1. 기적의 빵조각을 나누는 인생 상담소

몇 년 전 고등학생 한 명이 찾아와 증명사진을 찍었다. 차분해 보이는 학생의 촬영은 빠르게 진행되었고, '이틀 후에 찾아가면 된다'고 이야기한 후 사무실로 들어가려 했다. 그런데 학생은 돌아가려는 생각이 없는 듯 스튜디오 한쪽에 우두커니 서 있었다. 보통은 간단한 인사를 하고 나가기 마련인데 분위기가 심상치 않았다.

'좀 피곤한가?' '잠깐 쉬었다 가려는 건가?' 여러 생각이 스쳐갔지만 내색하지 않고 학생에게 말했다.

"넌 좀 쉬고 있어라. 아저씨는 일할게."

그리고는 사무실로 들어가 증명사진 보정 작업을 시작했다. 약 5분쯤 지났을 때 학생이 사무실로 들어오더니 조심스레 말을 걸었다.

"저, 선생님, 인생 상담 좀 해도 되요?"

"그럴래? 뭔데? 아서씨가 들어줄게. 말해봐"

나는 학생을 사무실 안 소파에 앉게 하고 마주보게 자리했다.

"실은요, 제가 특목고에서 제빵공부를 하고 있는데요, 1년짜리 시한부 인생이라 죽어요. 희귀병에 걸렸거든요. 제가 지금 학교에서 배우는 일을 잘 하고 싶은데 체력이 딸려요. 어떻게 해야 할까요? 잘 하고 싶은데 방법을 모르겠어요. 아니면 이 일을 그만둬야 할까요?"

"아, 그랬구나. 너 많이 힘들었구나. 고맙다. 이 소중한 이야기를 아저씨에게 처음 하는 거니? 네가 이런 고민하는 것을 부모님은 모르시니?"

"네, 몰라요."

잠시 동안 말을 하지 않고 아이를 바라보았고, 학생은 정말 진지한 눈빛으로 나의 대답을 기다리고 있었다.

사실 죽음이라는 게 누구나 먼저 가고 조금 늦게 가는 차이가 있을 뿐, 인간이라면 피할 수 없는 현상인데 어린 나이에 맞이하게 될 죽음에 학생은 많이 힘들고 혼란스러워 보였다.

"아저씨는 말이다. 네가 기능적인 욕심을 내서 그 일을 잘하는 것도 중요하다고 생각해. 그리고 이왕이면 빵 만드는 일을 통해서 네가 예술가적 사고를 가졌으면 좋겠어. 빵 만드는 일을 통해서 사람들을 만나는 게 네 일이지 않니? 네 마음속에 무거운 마음의 짐을 빵이라고 표현을 하자. 한 사람에게 냅다 주고서 돌려받기를 기다리지 말고 조각조각 잘라서 주다보면 너에게 관심을 갖는 사람들이 생기지 않을까? 그런 반응을 보이는 사람들에게 또 다른 빵 조각을 나눠주다 보면 사람들이 너를 알게 되고, 좋아하는 사람들도 생길 거야."

"그러면 너를 형이라 부르건, 오빠라 부르건 '저도 힘들어요.'라며 너를 찾는 사람들이 생길거야. 너는 널 필요로 하는 사람들에게 도움이 되는 일을 찾을 거고, 그러다가 힘든 그 시기를 그 친구가 이겨내고 좋아진다면 너는 정말 좋은 일을 하는 멋진 사람이 될 텐데. 단순히 빵 만드는 기술자보다는 그런 사람이 더 좋지 않을까?"

그리고 계속 말을 이었다.

"당장이라도 집에 가서 부모님께 '이래서 힘들어요.' 하고 말을 꺼내보면 어떨까? 부모님이 너를 좀 더 이해하게 되는 계기가 생긴다면 참 좋을 텐데. 어렵지만 하나씩 꺼내서 얘기를 해보면 어떨까? 기능적인 일을 잘하고 싶은 너의 마음도 훌륭하고, 지금 당장 하는 것도 좋지만, 그보다 먼저 네가 맘을 열고 주변 사람들에게 손 내미는 것이 지금 필요한 거라 생각해."

나는 가능한 쉽게 이야기 하려 했고, 아이는 큰 변화 없는 표정으로 알겠다는 말을 남기고 집으로 향했다. 나가는 뒷모습을 보니 왠지 다시 찾아올 것 같은 기분이 들었다. 혹시 이 학생이 다시 찾아올 때 어떤 자세로 맞이해야 편하게 날 대할까 하는 생각이 들었지만 사실 올지 안 올지도 모르는데 괜히 고민을 사서하는 것 같아 오면 오는 대로 즉흥적인 반응을 해야겠다고 마음먹고 생각을 접었다. 다만 오늘 한 이야기를 잘 이해하기 바랄 뿐이었다.

그러나 내 느낌은 빗나가지 않았다. 며칠이 지난 후 다시 그 학생 얼굴을 볼 수 있었다. 제빵 공부를 한다고 했기에 나는 학생을 잠시 기다리라 하고 가까운 빵집에 가서 빵을 한 무더기 사왔다. 학생도 싫지 않은지 빙 그레 웃었고, 나는 사온 빵을 7:3 비율로 나누어 학생과 마주 앉았다.

"아저씨, 왜 반반이 아니고 왜 이렇게 나눠요?"

"넌 많이 먹는 학생이니까 많이 먹고, 난 살 빼야하니까 조금만 먹으려고. 그리고 이건 몸에 좋은 진액인데 너 가져가서 먹고 기운내서 열심히 해라."

두 번째 만남은 특별한 내용 없이 빵을 나눠 먹으며 웃고 떠들다 돌려보냈는데 학생도 기분 좋게 인사하고 집으로 갔다. 사실 빵을 나누면서 내가 하고 싶은 이야기를 재차 강조해 주었을 뿐이다. 만약 그 학생이 더 깊게 대화하길 원했다면 또 그에 맞는 이야기를 꺼냈을 테지만, 그냥 지나다가 가볍게 왔다면 나도 가볍게 대하는 편이 낫겠다 싶었다. 그리고 촬영 작업을 할 때 손님과 대화를 나눌 때는 평소의 내 성격과 다르기 때문에 촬영할 때의 감정으로 대화하기가 쉽지 않았다.

중학교, 고등학교, 대학을 다니는 동안 단 한 명의 친구도 없었다. '특별한 이유없이 남에게 말을 걸 줄도 모르고, 누구도 날 좋아하지 않을 것'이라는 낮은 자존감 속에 살아왔기 때문이다. 스물여섯 즈음 자존감 매우 낮음을 깨달았다. 그때서야 '아, 이렇게 살면 안 되겠구나. 이런 삶은 너무 외로운 거구나.'라며 각성했고, 이후 뼈를 깎는 엄청난 노력으로 성격을 바꿀 수 있었다.

다시 돌아갈 수만 있다면 어린 시절의 내 마음을 치유해 주고 싶다. 그러나 현실적으로 불가능한 일이다. 다만 힘든 시간을 통과해서 세상 밖으로 나온 경험이 있기에 누군가 힘들어 한다면 언제든 그를 돕고 싶었다. 마치 빵을 조각조각 나누어 먹는 것처럼…

다행히도 사진을 통해 사람들과 만나고 빵을 나누며 살고 있다. 20년 넘게 그런 작업을 하다 보니, 내 안에 웅크리고 있는 자아를 더 선명하게 알게 되었고, 내 안의 모순된 행동들은 과거 경험에서 생긴 어떤 트라우마 때문이라는 것도 깨달았다.

길고도 짧은 시간 무대사진가로 살아온 나는 힘든 상황에 빠지면 가끔씩 삶을 포기하고 싶었다. 내가 연출하는 '쇼' 속에 빠져서 사는 건가? 이 '쇼'가 진짜 나인가? 아무도 알아주지 않는 이 길을 계속 걸어가는 것이 맞는가? 솔직히 너무 힘든데…

때로 이 문제로 감정과잉상태에 빠지기도 한다. 지난 날 꿈을 이루겠다는 신념으로 무던히 견뎌내던 마음 한켠에는 불투명한 현실과 미래에 대한 불안감이 컸고, 스스로가 약한 모습을 보이기 싫어, 강한 척 애쓰기도 했다. 나행히 수변 지인을 찾아가 술 한잔 청하며 힘든 마음을 열어 보였을 때 그들은 빵 조각을 나누어 주었다. 그런 빵 조각 덕분에 한없이 작고 보잘 것 없던 우울감에서 탈출해 사진으로 사람과 소통하면서 세상과 마주할 수 있었다.

이제는 천명이 와서 똑같은 질문을 해도 천명에게 각각 다른 답을 해줄 수 있는 여유가 생겼다. 마음의 창고에는 성경의 '오병이어'와 '기적의 빵 조각'이 쌓여 있기 때문이다.

사계절 커피는
사랑과 이별의 신맛 단맛 쓴맛이 녹아든
눈물같은 더치커피
진한 그리움의 맛일 것이다

– 공석진

2. 사춘기와 대화하는 법

증명사진을 많이 필요로 하는 고객층으로 사춘기 아이들을 꼽을 수 있다. 학교에 제출하거나 입시원서에 쓰거나 다양하게 필요한데 한참 성장해 가는 시기이기 때문에 얼굴이 시시각각 변하는 특성이 있다. 더구나 이성에 눈 뜨고, 외모에 큰 관심을 갖는 때이지 않은가. 당연히 사진 한 장에도 요구사항이 많다.

"제 얼굴에서 점을 좀 빼 주세요."

"얼굴 갸름하게 포샵 많이 해 주세요."

"머리가 마음에 안 드는데 바꿔줄 수 있어요?"

뭐 이 정도는 애교 수준이고, 얼굴을 못 알아 볼 정도만 아니면 나름 보정에 신경을 써 주는 편이다.

어느 날 한 여학생이 들어와 여느 학생들과 비슷한 내용으로 보정을 부탁하며 그게 가능한지 물었다. 얼핏 보기에 그 여학생은 자기 외모에 대해 자존감이 무척 낮아보였다. 조금 기운을 북돋아줘야겠다는 생각이 들었다.

"아저씨가 이 일의 전문가인데 아저씨를 믿어준다면 너에게 선물 같은 사진을 찍어줄 수 있거든? 아저씨 한번 믿어볼래?"

"정말요?"

"아저씨가 딱 보니까 너는 아주 특별한 느낌을 갖고 있어. 네가 아는지 모르지만 굉장히 멋진 아이로 보이거든."

"와, 아저씨 말씀 정말 잘하네요. 근데 난 이쁜 게 좋은데...."

"그래, 누구나 다 예뻐지고 싶지만 모두가 그렇게 될 순 없지 않겠니? 아저씨는 사진을 많이 찍어서 사람 얼굴을 정말 많이 봐 왔거든. 그런데 최고로 멋진 얼굴이 어떤 사람인지 아니?"

"글쎄요. 예쁘고 잘 생긴 얼굴이 좋은 거 아니에요?"

"전문가인 아저씨가 볼 때는 세상에 단하나 뿐인 자기만의 분위기를 가진 얼굴이라고 생각해. 그런데 너를 보니 아무나 가질 수 없는 너만의 유니크함이 돋보여."

"정말요? 진짜루요?"

"아저씨가 왜 거짓말 하겠니? 이런다고 네가 사진 값 더 줄 것도 아니잖아?"

"그건 그러네요. 그럼 아저씨 보기에 저는 어떤 사람인데요?"

"넌 마음이 아주 따뜻해 보여. 마음이 따뜻한 친구는 친구 고민도 잘 들어주는 착한 아이지."

"맞아요. 친구들이 고민이 생기면 저한테 잘 찾아와요. 저는 친구 이야기 듣는 게 너무 재미있어요. 그런데 아저씨는 어떻게 그걸 알죠? 점쟁이도 아닌데..."

사진 예쁘게 고쳐줄 수 있냐고 묻던 꼬마 아가씨는 사라지고, 금세 수다쟁이 여학생이 나타난다.

"너는 웃는 얼굴도 아주 편하고 친근감이 도는구나. 항상 그렇게 웃고 살면 친구가 정말 많을 거야. 그렇게 밝은 표정으로 사진을 찍어보자. 그런 밝은 느낌이 눈에, 입술에, 근육에 담기기 시작할거야. 그러면 아무나 가질 수 없는 좋은 사진이 나오거든. 한번 해 볼까?"

학생은 환하게 웃으며 고개를 크게 끄덕인다.

증명사진 촬영은 아주 재미있고 순조롭게 진행된다. 한번만 찍어도 되는 사진이지만 아이의 밝아진 표정이 좋아 시간을 끌며 몇 컷을 더 찍어주었다. 사진을 인화하기 전 마음에 드는 사진을 골라보라고 했다.

아이는 한참 고민하더니 '이거 어때요? 난 이거 맘에 드는데요.' 한다. 내가 봐도 학생이 선택한 사진이 제일 좋아 보였다.

"그래 이 사진으로 하자. 그럼 어떻게 보정해 줄까?"

"아뇨. 아저씨, 보정 안 해도 될 거 같아요. 지금까지 찍어본 증명사진 중에 제일 마음에 드는 걸요?"

"그래 알았다. 잠깐만 기다릴래?"

학생이 핸드폰을 보는 사이 증명사진 얼굴에 있는 눈빛에 작은 터치를 해주었다. 아이가 가진 눈빛을 더욱 돋보이게 해주고 싶었다. 그리고 또 다른 이유가 있었다. 아이는 마음에 든다고 했지만 그 아이가 보는 앞에서 전문가 아저씨가 천천히 작업을 마무리하며 공들이는 모습을 보여주고 싶었다. 누군가 자신을 위해 세심하게 정성을 쏟는 모습을 본다면 그 아이도 남을 위해 무언가를 한다면 정성을 쏟아야 하겠다는 생각을 가질 수 있지 않을까 싶었다.

외모가 중요한 시대라는 건 부정할 수 없다. 그러나 적어도 어린 학생들은 순수한 자기만의 모습을 인식해야 한다는 게 내 생각이다. 평생을 살면서 진짜 내 모습을 남겨놓는다는 건 언젠가 다시 꺼내볼 수 있는 추억을 남기는 것과 같다. 시간이 지나면 이 학생도 분명 이런 생각을 가질 것이다.

hightech
by bam

3. 모든 것은 다 때가 있다

어느 날 늦은 저녁이었다. 하루의 피곤함에 일찍 퇴근할 생각으로 정리를 하고 있던 차에 여자아이 한 명과 남자아이 두 명이 스튜디오 문을 열고 들어섰다. 모자를 쓰고 있는 여자 아이는 삐딱한 자세로 주머니에 손을 꽂고, 다리를 심하게 떨고 서 있었다. 한눈에 봐도 저 좀 노는 애거든요, 그렇게 알아달라는 듯이 보였다.

"아저씨 사진 찍어요?"

아이의 행동이 귀여워 보이기고 하고 장난도 쳐볼 요량으로 나도 다리를 심하게 떨면서 대답했다.

"이 시간에 사진 찍기는 너무 늦지 않았냐?"

내가 같은 행동으로 반겨 주니까 그 아이도 기분이 좋은지 씩 웃었다. 촬영 준비를 하는 동안 찬찬히 아이들을 행동거지를 뜯어보았다. 여자아이는 굉장히 스마트해 보이는데, 남자아이들은 얼굴도 퀭하게 보였다. '아, 이 여자아이 일하는 애구나.' 그런데 녀석들 하는 모습을 가만히 보니, 세 녀석이 삼각관계인 듯 했다.

사진을 찍어주면서 이런저런 이야기를 다 받아 주었더니 다음 날도, 그 다음 날도 아이들이 계속 찾아왔다. 올 때마다 마치 친구 대하듯 대화하고, 밥도 사 주고 했더니 아이들 마음이 열리면서 집안의 힘든 이야기, 어른에게 꺼내기 어려운 이야기도 털어놓기 시작했다. 처음 대화를 나눌 때만 해도 엄마, 아빠를 욕하고, 친구 욕하는 것이 거슬려서 "야! 이 녀석들아. 그래도 아저씨가 어른인데 내 앞에서 너무 욕하는 건 좀 그렇지. 이거 빼고 너희가 이야기하는 건 다 들어줄게. 욕만 좀 하지마라."

착하게도 아이들은 스스로 조심했고 대화는 좀 더 깊어져 갔다. 자기들도 마음 속 깊은 걸 털어 놓고 싶었던 탓인지 계속 찾아와 커피도 마시고, 지나다가 들렀다며 점점 편한 사이가 되어갔다. 그렇게 한두 달 쯤 지났을까? 이제 나와 마음이 통했다고 생각했는지 하루는 여자아이가 와서 "아저씨, 저 사실은 공부 잘 했어요. 전교 1등이었어요. 지방에서..."라고 고백했다.

이야기를 들어보니 부모는 이혼했고, 엄마와 같이 살면서 생활고에 많이 시달렸다고 한다. 자기 언니는 고등학생인데 술집에 나가야 했고, 이를 알게 된 엄마가 이러면 안 되겠다 싶어 언니와 많이 다투었다고 한다. 엄마는 그나마 전교 1등을 할 정도로 공부를 잘하는 작은 아이에게 희망을 보며 살았다. 적어도 작은 아이는 공부를 잘해서 자기 뜻대로 살기를 원했다고 한다.

"그래서 좋은 대학 보내려고 엄마는 저를 데리고 서울로 무조건 상경했어요. 저도 처음에 공부 잘 하려고 했어요. 근데 서울 와서 첫 수업에 인사를 하는데 아이들이 저를 보고 '촌년이네' 라고 이야기해서 그 녀석 머리통을 살짝 쳤어요. 그게 시발점이 되었는지, 아니면 제 인생이 꼬이려고 했는지 학교 일진들 하고 어울리게 되었고요. 그래서 공부는 점점 못 하게 되었어요."

"꼬마야, 살다 보면 별의별 일을 다 겪는단다. 학교도 졸업할 수도 있고 못 할 수도 있고, 공부를 잘 하고 못 하고는 중요하지 않다고 생각해. 넌 꿈이 뭐니?"

"안무가예요."

"누군가 꿈을 갖는 것은 소중한 일이지만 그 꿈을 간직하고 유지하는 노력은 굉장히 중요하단다. 너 참 예쁜 아이구나? 그 꿈을 잘 간직하고 유지할 수 있기를 바란다."

대화를 나눈 지 한 달쯤 지났을 때인가? 세상이 원조교제다 뭐다 떠들썩할 때 쯤이었던 걸로 기억이 하는데 그 여자아이가 나에게 이런 이야기를 했다.

"아저씨, 제가 술집에서 술 마시고 있는데 옆에서 술 먹던 아저씨가 저 보고 예쁘다며 명함을 줬어요. 필요하면 연락을 하라면서요."

어른 입장에서 보면 이건 분명 원조교제 시도이고, 나쁜 사람일 게 분명

했다. 이런 이야기를 들으면 일반적으로 '그 명함을 버려라.'고 말하겠지만, 내 생각은 좀 달랐다. 이래라저래라 강요 하는 건 좋지 않다고 생각했다. 대신 하나의 비유를 들었다.

"이 세상에는 독수리가 있고 닭이 있고 병아리가 있단다. 독수리가 닭을 낚아 채갈 때 날개가 떨어져 나가기도 하고, 다리 하나가 떨어져 나가기도 하지. 하지만 닭이 죽지는 않아. 그런데 병아리는 달라. 병아리는 조그만 상처에도 바로 죽을 수 있거든. 아저씨는 네가 그 병아리라고 이야기하고 싶어. 넌 안무가가 꿈이잖아. 만일 네가 꿈을 꾸지 않으면 굉장히 소중한 걸 잃어버리는 거야."

아이는 한참을 머뭇거리더니 주머니에서 이야기 한 명함을 꺼내 찢어버렸다. 그때 참 잘했다는 생각이 드는 건 그 아이가 자기 스스로에 대해 생각할 수 있도록 길을 터주었기 때문이다.

두어 달 쯤 지난 후 그 학생의 소식이 끊긴 걸 깨달았다. 그렇게 잊어버리면서 몇 년쯤 지났는데, 모르는 번호로 전화가 걸려왔다.

"아저씨, 저 그때 저녁 늦게 사진 찍었던 OOO인데 기억하시겠어요?"

"그럼, 내가 왜 기억 못 하겠니? 너무 예쁜 아이였는데. 어떻게 지냈니?"

"그때 아저씨랑 이야기를 하고 많은 생각을 했어요. 제가 참 바보 같았어요. 그래서 엄마랑 이야기하고 다시 지방으로 내려갔어요. 정말 공부 열심히 해서 대학도 나왔고요. 지금은 아이들 춤 가르치는 일을 하고 있어요."

전화기 넘어 들려오는 아이의 밝은 목소리에 나도 기분이 너무 밝아졌다. 아이가 잘 지내는 것만으로도 더는 바랄 게 없었다.

　"정말 잘했다. 좋은 계기가 됐다니 다행이다. 앞으로 잘 지내렴."

　이후 몇 년 뒤쯤인가 갑자기 그 아이가 잘 지내는지 궁금해졌다. 그 아이의 전화번호를 찾아 저장했더니 카톡에 그 아이 사진이 나타났다. 꽤 잘 자란 모습으로 밝고 명랑한 사진으로 뒷모습이지만 전체적인 분위기만으로도 아이가 잘 크고 있음을 알 수 있었다. 아이에게도 카톡이 연결되었는지 나에게 문자가 왔다.

　"요즘 잘 지내세요?"

　"나도 잘 지낸다. 너도 잘 지내니?"

　"저.. 아저씨 나중에 저 결혼하면 꼭 와 주실 거죠?"

　"그래, 꼭 가마. 연락해라."

　많은 대화를 나눈 터라 가끔은 그 아이 안부가 궁금하긴 하지만 일부러 만나 이야기를 할 만큼은 아니었다. 단지 그 시기에 꼭 필요한 '마니또' 같은 친구가 된 거 같아 보람을 느낄 뿐이다. 나도 어렸을 때 이런 마니또 같은 친구가 있었으면 좋았겠다 싶었다. 누군가 나와 같은 친구들이 있겠지? 그래서 자기 마음속을 알아주는 부담 없는 친구같은, 어른이 되고 싶다. 내 직업이 뭐가 됐든, 어떤 일을 하건, 난 울고 싶을 때 울 수 있게 해주고, 말하고 싶을 때 들어줄 수 있는 친구 같은 어른 말이다.

돌이켜보면 어른은 어른의 세상이 있고, 아이는 아이만의 세상에 갇혀 있기 마련이다. 이런 세상의 격차를 없애는 것이 굉장히 어려운 일이지만, 꼭 필요한 일이다. 사진을 찍으며 그런 역할을 염두했기 때문일까? 고민이 많은 사람들의 이야기를 편한 친구처럼 들어주며 많이 해결했다.

　나처럼 소극적이고 내성적인 사람은 친구를 사귀는 것도 굉장히 한정적일 수밖에 없다. 물론 사람마다 다르겠지만 나는 공부를 잘 하는 사람은 나와 다른 사람 같았고, 성격이 좋은 사람도 나와는 다른 사람 같았다. 무언가를 잘하는 사람도 나와는 다른 사람 같다고 느꼈다. 그 벽을 깨는 게 나에게는 굉장히 어려웠다.

　친구관계는 시간이 지날수록 편하게 얘기할 수 있는 관계로 발전해야 하는데 친구니까 오히려 이야기하기가 어려웠다. 그래서 친구도 없었고 내 고민에 내가 빠져서 그 생각이 틀렸는지 다른지도 알 수 없어 방황했기에 많은 기회를 놓치곤 했다. 인간관계를 이렇게 하면 안 되겠다 싶어 '객관적인 시각을 갖는 것만으로도　내 아이나 후배들에게 좋은 친구가 될 수 있으면 좋겠다'는 생각을 하게 되었다. 내 아이들이 느끼는 나는 엄한 아버지일 수도 있지만, 나는 아이들에게 "해라, 하지 마라." 하고 강요한 적은 없다.

　아이들이 스스로 경험하면서 시행착오도 겪고, 시행착오를 통해 성장해 갈 때 아버지로서 지켜 봐 주고 조언해 줄 수 있다면 좋은 아빠가 될 수 있을 거라 생각했다. 아버지와 살면서 그런 교감이 별로 없었고, 더구나 아버지 세대들이 다 그랬듯 엄하고, 마주하기 어려웠고 대화도 통하지 않은 사람이라고 생각했기 때문에 어려서부터 그런 걸 갈망했었다.

아마도 그런 부족함이 지방에서 온 여학생 마음을 좀 더 이해하고, 따뜻하게 해 주었던 것 같다. 아들이 어릴 때였다. 나에게 화가 났는지 입을 꼭 다물고 말을 하지 않았다. "네가 마음을 열지 않으면 아빠도 이렇게 오래 말을 안 하게 되는데 그래도 돼?" 하고 묻자 고개를 절레절레 저었다.

"그러면 지금 네 감정을 한 마디만 표현해도 좋아."

그리고 나서 질문을 하니까 아들도 호응하며 한 마디를 해주었다.

"그래 고맙다. 자 이번엔 나와 다른 감정 하나만 더 얘기해 주면 좋겠다."

그리고 질문을 이어가며 이런저런 얘기를 하자 차츰 자기감정을 솔직하게 얘기 하면서 서로 오해를 풀어나갔다. 아들과 아버지는 그런 추억들이 지속적으로 있어야 되는데, 아이가 성장하면서 나는 거꾸로 워커홀릭으로 지내다 보니 아이와 많은 시간을 가지지 못했다. 더구나 인생의 굴곡을 타면서 아이와 많은 시간을 같이 못 했던 것들이 후회스러웠다.

아이에게 미안하고 속상한 마음이 지금 내 앞에 서는 누군가에게 좀 더 솔직함으로 최선을 다하는 모습으로 나타나는 것이리라. 뒤늦은 후회가 아쉽지만 '모든 것은 다 때가 있다'는 말이 와 닿는다.

4. 어머니의 기도

초등학교 6학년 때다. 잠을 자고 있었다. 꿈에서 깨어난 줄 알고 보니까 성모 마리아님이 머리맡에서 날 위해 기도하시는 모습이 보였다. 그날은 돌아가신 어머니의 꿈을 꾸다 새벽에 눈을 떴다. 나는 아픈 동생을 살리고 싶었고, 좋은 의사가 있다는 정보만 있으면 거리를 마다않고 병원을 찾아다녔다. 결국 동생이 유명을 달리하고 난 이후에도 나의 어머니는 초등학교 꿈에 나타난 그분처럼 묵묵히 기도만 하는 분이었다.

평생 기도하시는 모습만 보았던 철없던 어린 시절에는 어머니가 기도를 좋아하시는 분인 줄로만 알았다. 자식들에게 포근하고 따뜻했어야 했던 어머니는 늘 어렵고 말이 없던 분이었다. 어머니가 돌아가시고 나서야 그때의 기억들이 새록새록 피어올랐다. '아~, 내가 많이 모자란 아들이었구나. 하나부터 열까지 어머니에게 대못을 박았던 가시 같은 아들이었구나.' 어머니가 늘 기도하신 이유를 한참 뒤에야 알게 된 것이다. 어느 날 어머니와 난둘이 자를 타고 압구정동을 지나면서 이런 말을 했다.

"어머니. 여기가 서울에서는 부자들만 사는 부촌이에요."

"내가 우리아들 덕에 이런 곳도 구경하는구나."

아무것도 아닌 대화였는데 지금은 기억날 때마다 눈물이 난다. 인생에서 성공이란 게 뭔지 잘 모르지만 어머니는 늘 내게 '우리 아들은 잘 될 거야' 라는 말을 자주 하셨다. 나는 이해할 수 없었다. 어머니는 왜 나처럼 속만 썩이는 아들에게 그런 말씀을 계속 하셨을까?

26살이 되어서야 어머니의 마음을 이해할 수 있었고, 그때부터 지나칠 정도로 스스로를 돌아보았다. 과거의 나를 격려해주고 위로해주면서 지금 의 나로 바뀌었고, 과거의 나를 찾으면 또 다른 내가 나만의 방식으로 나를 바꾸는 힘을 가지게 되었다. 나만의 콤플렉스를 나 혼자 감당해 내야 하는 시간이 이렇게 길 줄은 몰랐지만 어쨌든 혼자만의 긴 싸움을 시작했다.

그럴 때 마다 나에게는 항상 여인이 있었고, 그 여인들은 성모 마리아 님이자 어머니이자 연인이었다. 내 어머니가 시인 감성을 갖고 있다는 것 을 알게 된 건 어머니가 60이 다 되어서야 깨우친 한글 덕분이었다. 한글 도 모르는 분이 교통편을 이용할 때마다 얼마나 막막하고 힘든 여정이었을 까? 지하철을 이용하시다가 '화장실'이란 단어를 읽은 후 눈물이 나오더라 는 말씀을 들었을 때도 이 못난 아들은 그게 어떤 마음이었는지 몰랐다. 그 게 살면서 마음이 제일 아픈 시기였다는 것도 뒤늦게 알았다.

생전에 포도를 좋아하신 어머니는 당신이 먹으려고 집었다가도 갑자기 내 입안으로 쑥하고 넣어 주셨다. 강제로 먹이려고 하는 기분이 싫어서 입 을 꾹 다물고 있었던 과거의 어린 기억이 지금은 한스럽다. 그래서 난 포도가 싫었다. 어머니가 돌아가시고 난 후 포도를 보면서 궁금했다.

"이게 뭐라고 구겨 넣듯이 넣으셨을까?"

어느 날 포도 두 송이를 사들고 와 단숨에 눈물과 함께 '아그작 아그작' 씹어 먹은 적이 있다.

"아뿔싸, 이러니까 억지로 쑤셔 넣기라도 하셨던 거구나."

그토록 싫어했던 포도를 눈물과 함께 삼킨 그 다음날 거짓말처럼 몸의 피로가 풀리는 것을 느꼈기 때문이다. 어머니는 아들이 건강하길 바라 그렇게 좋아하시는 포도를 내 입에 쑤셔 넣으신 거였다. 과일을 잘 안 먹고 포도라면 질색하던 내가 지금 제일 좋아하는 과일이 된 이유다. 항상 뒤늦게 깨닫는 어머니 사랑 같은 과일. 어머니께 단 한 번도 자랑스럽게 나서지 못했던 아들이었다. 늘 근심거리였다.

어머니가 당신의 드라마틱한 인내의 삶을 한권의 책으로 쓰고 싶다고 하시는 것을 이해할 수 없었다. 그런 어머니의 아들이어서 일까? 내 주변에는 나를 아프게 만들면서 성장시키는 일들이 많았다. 그래서 그렇게 좋아하는 이 사진 일을 몇 번이나 때려 치우려했으나, 결국은 다시 돌아와 여기서 있는 나를 발견할 때마다 괴롭기만 했다. 이게 뭐라고...

그러다가 모든 것이 내 소명감이란 사실을 알게 된 것은 어머니의 죽음을 통해서였다. 늘 미안해하시고, 늘 걱정해주시고, 늘 기도해 주셨지만, 정작 내가 사랑할 줄 몰랐던 그 어머니. 당신의 인생을 책으로 그리지는 못했지만 못난 아들이 대신해서 지은 책을 마무리하는 이 새벽에 어머니가 그립다. 자식들을 위해 늘 기도하시는 어머니, 그리고 우리의 어머니들께 이 책을 바치고 싶다.

5. 부모도 사랑을 원한다

　평범해 보이는 중년 여성이 증명사진을 찍겠다며 문을 열고 들어왔다. 특별한 느낌이 없는 분이어서 평이하게 촬영 작업을 마쳤다. 증명사진 찍고 나서 인화하는 동안 작업실에서 차 한 잔을 내 드렸다. 감사하다며 차를 받은 후 느닷없이 울기 시작했다. 당황스러웠지만 스튜디오에서는 워낙 눈물 보이는 분들이 많기 때문에 조용히 물었다.

　"왜 우세요? 무슨 일 있으세요?"

　"몰라요. 이유는 모르겠고, 그냥 이상하게 눈물이 나네요. 내가 왜 이러지?"

　티슈를 가져다 드리며 마주보고 앉아 눈물이 잠잠해질 때까지 잠시 기다렸다. 감정을 추스린 후 잠시 생각에 잠기더니 딸 이야기를 꺼내기 시작했다.

　"이런 말 해도 되는지 모르겠는데요, 제게는 주원이와 유선이, 딸 둘이 있어요. 두 딸 중 한 아이가 음대를 가고 싶어 하는데 저는 미대를 나왔거든요. 그래서 음악 쪽에는 아는 선생님이 없어서 도움을 못 주고 있어요."

　"혹시 제가 무대 사진하는 작가라는 걸 알고 오셨나요?"

"아니요. 증명사진이 필요했는데 지나다가 마침 사진관이 있기에 들어왔어요. 그런데 주책없이 이렇게 눈물이 나네요."

"음. 어머님이 이렇게 오신 것도 인연이 있나 봅니다. 마침 제가 음악쪽에 관여하고 있으니 작은 도움이라도 드릴 수 있으면 좋겠네요. 언제 한 번 따님을 보내 주세요."

"감사합니다. 우연히 들어왔는데 이런 호의를 베풀어주시니 감사해요. 꼭 보낼게요."

그리고 며칠 뒤 딸로 보이는 아이가 문을 열고 들어오는데 눈을 쳐다보니까 직감이 엄청 좋은 아이로 느껴졌다. 이야기를 나누어 보니 엄마에게 이런저런 사정을 듣고 온 모양이다.

"아저씨 만나러 오기 전 날 무슨 생각이 들었니?"

"어쩌면 내일 만날 아저씨가 어쩌면 저와 똑같은 사람일 수도 있겠다는 예감이 들었어요. 이상하죠?"

대화를 나누어 보니 아이는 무척 내성적이고 소극적이지만 자기 세계관이 분명했다. 그런데 표정은 밝지 않았고, 뭔가 움츠리는 태도가 석연치 않았다. 아마도 그 아이의 주변 환경에 아이를 주눅 들게 만드는 뭔가가 있는 것 같았다. 아이로부터 이야기를 더 듣기 위해 비유를 들어가며 대화를 이어갔다.

"아저씨는 심리학에 관심이 많아. 그동안 읽은 심리학 책 중 이런 이야기가 있는데 들어볼래? 알콜 중독인 아버지 밑에 두 아들이 있는데 한 아이는 커서 목사가 되고 한 아이는 알콜 중독자가 되었다는 거야. 같은 아버지에 같은 환경에서 자란 두 아들은 무엇 때문에 인생이 달라졌을까? 결론부터 말하면 선천적으로 영향을 주는 환경도 중요하지만, 후천적인 환경은 노력으로 얼마든지 극복할 수 있다는 이야기란다."

"네가 앞으로 살아야 할 미래를 이미 지나간 과거 때문에 투정하고 부정만 한다면 결코 옳은 일이 아닐 거야."

이야기를 하면서 아이를 관찰했는데 아이가 고개를 숙인 채로 어쩌다가 눈을 마주치는 그 눈빛이 여전히 주눅 들어있고 무언가 회피하고 싶은 눈빛이 보였다. 당연히 내 이야기가 받아들여질 것 같지 않았다. 그리고 핸드폰을 꺼내들고 아이를 향해 카메라를 들이댔다.

"그대로 있어 봐."

나는 아이 얼굴이 최대한 크게 나오도록 클로즈업해서 찍었다.

"이젠 고개만 들고 그대로 카메라를 볼래?"

그리고 핸드폰으로 또 찍고...

"그 다음에 아무것도 하지 말고 '음'하는 소리로 눈을 동그랗게 뜨고 카메라 한번 쳐다 봐."

그렇게 세 장을 연속으로 찍어 아이에게 보여주니, 소스라치게 놀란 표정을 지었다.

"아저씨, 제가 이렇게 재수 없게 보여요?"

"그래. 몰랐어?"

"왜 저한테 아무도 그 얘기를 안 해주죠?"

"야, 네가 이렇게 재수 없게 쳐다보는데 사람들이 너한테 말을 걸고 싶겠니?"

"아, 그래서 그랬구나."

어디 가든 사람들이 눈만 마주치면 "야, 너 눈 깔아. 재수 없어"라는 말을 자주 들었다고 한다.

"제 성격이 아주 안 좋은 줄 알았어요. 그러니까 처음 보는 사람도 저한테 그런 소리를 하는 줄 알고…"

그 아이는 약간 피해의식 속에 사는 것으로 보였다.

"사람들이 너와 이야기를 해 보지도 않았는데 네가 어떤 사람이고 어떤 생각을 하는지 어떻게 알겠니? 그렇게 생각하는 건 옳지 않아. 너랑 친해지기는 쉽지 않지만 친해지면 네가 좋은 사람인 걸 사람들이 분명 알 거야. 네가 그걸 알아야 해."

이 아이 또래였을 때의 내 청소년기의 이야기를 해주었다.

"나도 너처럼 학생일 때가 있었어. 아마 너 보다 더 심하면 심했지 덜 하지 않았을 거야. 그런데 아저씨가 어른이 돼보니까 우리 같은 성격이 참 좋더라. 우리처럼 답답한 성격들은 노력만 하면 밝은 성격으로 바꿀 수 있는데, 밝은 성격의 아이들은 우리처럼 되고 싶지 않거든."

"우리는 두 가지 성격이 다 있다고 생각하면 되는 거야. 그래서 우린 참 행운이야. 두 가지를 다 볼 수 있으니까. '콤플렉스'는 축복이라고 생각해. 너나 나나 굉장히 소극적이고 내성적이어서, 우리 같은 성격의 친구들이 자기 마음을 표현하지 못하고 있을 때 그게 뭔지를 잘 알 수 있잖아. 우리가 끄집어내고 노력만 한다면 남들이 갖지 못한 또 다른 언어를 가지는 거라고 생각해."

"내가 엄마께 들어보니 연주연습을 많이 해야 한다면서? 그런데 위층에 소리 날까 봐 방음된 연습실에서도 크게 연습하지 않는다고 그러시던데? 그게 웬 바보 같은 짓이야? 너는 이웃에게 쓸데없이 지나친 배려를 하는 거야. 너 자신을 위해서 살아야 돼."

조건이 충족되면 잘 할 수 있다고 자신을 합리화시키는 것은 엄청 못난 짓이라고 타일렀다.

"열정이 없으면 심장은 죽어 있는 거나 마찬가지지. 오늘 이후로 네가 바꾸는 걸 선택하든지, 아니면 다른 선택을 하든지 결정해야 할 것 같아. 나도 자식을 낳아서 키워 보니 이제야 아버지 마음을 알게 되었는데, 부모님께 어려서부터 큰 즐거움을 주지 못해 어쩌면 부모님에게는 애물단지였는지도 몰라. 너도 다르지 않을 거야. 부모의 자식 사랑은 남다를 수 있지만, 즐거움을 받는 입장에서의 투자가치를 생각해 보자. 네가 그런 말도 안 되는 모자란 마음과 행동을 하는데 부모님 마음에 들 리가 있겠니? 부모한테 맡겨 둔 돈을 찾는 것도 아니면서 모든 것을 부모한테 의존하고 기대기만 하면 안 되는 거지. 자식으로서 부모에게 기쁨을 줄 수 있어야 부모도 네게 더 무언가를 줄 수 있는 거야. 서로가 서로에게 주는 기쁨은 서로 노력해야 되는 거 아니겠니? 아무 노력도 하지 않으면서 원망하고 불만만 이야기하는 건 지금 네 나이에 해야 될 일은 아닌 거 같아."

지치고 힘들 때면 누군가 위로해주길 바란다. 인지상정이다. 부모도 힘들 때면 누군가의 위로가 필요하다. 그것을 자식이 먼저 알아 주고 즐거움을 준다면 뼈가 부스러져도 다 주고 싶은 게 부모님의 사랑이라는 사실을 알려주었다. 그걸 받을 만큼 충분히 귀한 딸이 바로 학생이라고 덧붙였다.
"아저씨, 저도 세상에서 나와 같은 사람이 단 한 명이라도 있을까 생각했었는데 아저씨를 만나 이야기하다 보니 나랑 똑같은 사람이 있다는 생각에 반갑고 의지가 많이 됐어요. 용기 내서 앞으로 제 인생을 열심히 살아볼 힘이 나요."
"잘했다. 많은 시간동안 인생에 대해 고민하고 아팠기 때문에 이 시점에서 아저씨 말이 들렸던 것뿐이야. 기대할게. 앞으로도 용기 잃지 말고 너 자신을 끝까지 믿어. 네가 다른 사람이랑 똑같을 필요는 절대로 없어. 유일함이 얼마나 위대한 건지 네가 꼭 보여 주길 바란다."
그렇게 이야기가 끝날 때 즈음 어머니가 스튜디오를 찾아왔다. 어머니는 들어오면서 딸이 자신과 눈을 마주치자 소스라치게 놀라는 표정을 지었다.

"얘가 저를 쳐다보고 눈을 마주쳤어요. 눈을…" 하면서 울기 시작했다.

"엄마, 나 오늘부터 바뀌려고. 오늘 바뀌지 않으면 평생 안 바뀔 거 같다는 생각이 들었어. 앞으로 노력할게요."

옆에서 보는 나도 대견해 보이는데 어머니의 마음은 오죽했을까?

"잘됐네요. 이제 점퍼 벗으시고 서로 한번 꽉 끌어안아 주세요."

그런데 의외였다. 자켓을 벗은 엄마는 벌벌 떨면서 움직이지 않았다.

"사실은요, 딸 아이 어릴 때 빼고 아이를 안아 본 적이 단 한 번도 없어요. 그래서 떨리네요."

아이가 이렇게 크도록 한 번도 안아보지 않았다고? 순간 당황했지만 딸 아이를 보고 말했다.

"우리 딸, 그럼 아저씨가 어떻게 하라고 그랬지?"

내 말이 끝나기 무섭게 딸 아이가 엄마에게 다가섰다.

"엄마, 그럼 제가 해 드릴게요."

그러면서 엄마를 덥썩 끌어안았고, 글로 표현하기에 부족할 만큼의 감동의 순간이었다. 아마도 이런 기회가 생기길 간절히 기도했던 마음이 엄마를 스튜디오로 이끌었던 것 같다. 덕분에 아이와의 관계도, 아이 성격도 많이 좋아졌다는 전화를 받고 나도 꾸준히 관심을 가지고 따님을 응원해 주라고 당부드렸다.

우리는 누구나 다 외롭고 힘들고 지친다. 그래서 누군가에 기대고 싶고 위로받고 싶어 한다. 하지만 남도 나와 같다는 걸 모르고 산다. 남도 나와 같다. 다만 서로 먼저 손 내밀어주길 기다릴 뿐이다.

오래오래 사랑스러운 사람은
뜨거운 사람이 아니라
따뜻한 사람이다

- 도종환

4장
나만의 촬영법

1. 호흡하고 조율하고 흐름을 타라

전혀 기억하지 못하지만, 스튜디오에서 오래 전 증명사진을 촬영했던 손님에게서 연락이 왔다. 사진을 찍을 때는 최고의 몰입도를 유지하지만 워낙 많은 사람들을 상대하다보니 한분 한분 일일이 기억하기는 쉽지 않다. 일년이나 지난 후에 뜬구름 없이 GE(General Electronic)의 비서실에서 온 연락 내용은 자사 연구원들 대상으로 인문학 강의를 해달라는 요청이었다.

GE(General Electronic)라는 회사도 잘 몰랐던 나는 갑작스러운 강의 요청에 의아했지만, 비서실 담당자의 설명을 들어보니 GE사의 회장님이 나에게 증명사진을 찍고 가신 분이라 한다. 아마도 사진 작업 당시 특별한 이슈가 없었던 분이었는지 나는 기억에 없었지만, 그분은 나의 작업 과정이 인상적이었던 것 같다.

사진 강의는 많이 해봤지만 인문학 강의를 요청받는 것은 처음이었다. 인문학이 뭔지는 잘 몰랐지만 단순한 강의 요청이라 생각했다. 하지만 수락한 이후 점차 고민이 되었다. 여러 사람에게 내 사진 세계를 알리는 것은 좋지만 인문학이 뭔지도 모르는 내가 도대체 무슨 내용을 강의할 수 있을까?

"에라… 모르면 물어보는 게 상책이지."

당장 지인에게 연락해 상황을 설명하자 지인은 명쾌하게 답했다.

"뭘 고민해? 당신 인생 자체가 인문학인데. 인문학 그거, 사람 사는 이야기야."

"그래?"

조언을 듣고 나니 복잡했던 머릿속은 가벼워졌지만 강의를 위한 내용을 정리하려니 여전히 부담스러웠다. 인문학을 주제로 강의할 자신이 없다 보니 괜히 수락했다는 자책감이 들었고, 심지어 강의를 취소할 변명거리가 없는지 생각하고 있었다.

이런저런 생각에 시원한 방향을 잡지 못하던 나는 머리도 식힐 겸 책상 위에 있는 책 한 권을 들고 읽기 시작했는데 그중 한 구절이 내 눈에 확 들어왔다. '화려한 언어 스킬보다 진실한 마음을 표현하는 것이 네 진짜 언어다.'

내 인생 자체가 인문학이라던 지인의 말과도 같은 뜻인데, 생각해 보니 GE 회장님이 나를 선택한 건 학문적 강의가 아닌 내 자신의 이야기를 듣고 싶어서라는 생각이 들었다. GE 사장님도 증명사진 작업을 하면서 나의 독특한 개성에 끌렸던 게 아니겠는가. 생각이 여기에 미치자 강의 준비는 빠르게 진행되었다. 아니 뭐 준비랄 것도 없었다. 그냥 내 이야기를 하면 되는 거니까.

GE와 약속한 강의 날짜가 되었고, 조금 일찍 강의 장소에 도착해 미리 강의 이미지를 그려 보고 있었다. 때마침 교육 담당자 분이 오셔서 사전 미팅도 진행할 수 있었다.

"우리 직원들에게 작가님을 어떻게 소개를 해드릴까요?"

"그냥 이름만 소개해 주세요. 그리고 바로 조명을 다 꺼주세요."

"조명을 다 *끄*라구요?"

"예. 조명을 *끄*고 어두운 상태에서 '드뷔시의 달빛' 한 곡으로 강의를 시작할 겁니다."

"알겠습니다. 뭔가 기대되는데요?"

교육 담당자는 미소를 지으며 사무실로 향했고, 나는 강의실에서 노트북에 저장된 강의내용을 세팅하며 강의 흐름을 그려보았다. 시간이 다가오자 강의장으로 직원들이 들어오기 시작했고 나는 한분 한분에게 눈인사와 목례를 나누며 직원들 표정을 살폈다. 이른 아침이다 보니 약간 피곤해 보이는 분들도 있고, 강의에 대한 기대인지 밝은 표정으로 입장하는 분들도 보였다. 연구원들이다 보니 전체적으로는 차분한 분위기가 느껴졌다.

"안녕하세요. 방금 소개받은 김도형입니다. 강의를 시작하기 전에 오늘 이 시산을 즐기는 방법을 말씀드리겠습니다. 제 강의내용보다는 마음을 풀고 오늘 보여드리는 이 사진을 감상하는데 집중해 주세요. 강의가 끝난 후 사진 한 장이 기억에 남거나 잔잔한 이 음악 한 곡이 여러분 가슴속에 남게 된다면 열심히 살아온 여러분의 지난 시간이 헛되지 않았다는 겁니다. 이제 마음을 푸시고 감상할 준비하세요."

이렇게 서두를 열고 두시간 가까이 내 맘속 아픈 과거를 더듬어가며 기억이 되살아나는 대로 이야기 했다. 처음에는 이리저리 헤매던 내 두 눈이, 조용히 듣고 있는 연구원들의 눈과 마주칠 수 있게 되었다. 내 유년시절 가정환경과 힘들었던 가족이야기, 그로 인해 지니게 되었던 콤플렉스와 그것을 극복하기 위해 치열하게 지냈던 청년 시절, 몇 번을 포기하다가도 다시 돌아오게 된 사진작가로서의 길, 그 안에서 발견하게 된 얼굴에서 내 사진의 독특함이 만들어지기까지의 여정들을 친구와 술자리에 있다는 느낌으로 펼쳐나갔다.

뭔가에 홀린 듯 쏟아낸 내 강의가 끝났을 때, 놀라운 일이 벌어졌다. 조용히 듣고만 있던 직원 분들이 약속이나 한 듯 기립박수를 쳐 주는 것이다. 기립박수를 쳐보긴 했어도 받아보기는 처음이라 어리둥절했지만 그들이 보내는 따뜻한 눈빛을 보며 오히려 힘들게 살아온 내 하루하루를 위로 받았던 날로 기억하고 있다. 한 사람의 진심이 담긴 이야기가 여러 사람의 가슴을 열 수 있다는 것을 다시 깨닫는 시간이었다.

작업실로 돌아온 나는 커피 한 잔을 앞에 두고, 처음 받아본 기립박수의 감동을 되새기며, 내 마음을 찬찬히 살펴보았다. 그들의 기립박수는 내 삶에 대한 최고의 공감 표현이었고, 힘찬 응원이었다. 많은 유명강사들이 GE를 방문해 강의했을 것이다. 그분들은 나보다 전문적이고 훌륭한 강의로 사람들의 지식을 더해주고 크건 작건 그들의 생각에 영향을 미쳤을 것이다.

나는 마음을 나누고 싶었다. 지금의 김도형이 자리 잡기까지 쉬운 길이 아니었음을, 각자의 삶에서 치열하게 살고 있는 그분들과 함께 나누고 싶었다. 힘든 내 삶을 지탱해온 바탕은 바로 '사진과 음악'이었다. 드뷔시의 음악과 내 사진 작품으로 강의를 시작한 것은 그게 바로 나 김도형이었기 때문이고, 이중 하나만 그분들 기억에 남아도 나는 성공한 강의를 한 것이라 생각했다.

누군가의 기억에 남는다는 것은 함께 한 추억이 있을 때 가능하다. 긴 시간 동안 내가 한 것은 강의가 아니라 청중을 향해 내 삶을 고백한 것이고 그분들은 내 이야기 속에서 자기의 삶도 매만졌을 것이다. 청중에게 자신의 뛰어나고 일방적인 스킬을 발휘하는 것이 아니고 함께 공감하는 것, 나는 이런 전달방법을 '호흡하고 조율하고 흐름을 타라'라고 정리해본다.

그것이 강의일 수도, 사진 작업일 수도, 간단한 대화일 수도 있지만 사람과 사람 사이에는 함께하는 그 무엇인가 필요하고, 함께하는 방법은 '호흡하고 조율하고 흐름을 타는 것'이다. 이 말은 힘들었던 시절의 김도형을 세상과 소통하게 만들어준 언어이기도 하다.

2. 사진은 뒤집어 놓고 찍는다

　가족사진을 찍는 작업은 항상 즐겁고 새롭다. 한명에게만 집중해야 하는 프로필 사진과는 달리 가족은 두 명이든 열 명이든 사람과 사람간의 관계까지 고려해야 하기 때문이다. 가족구성원이 많을수록 작업은 더욱 재미지게 마련이다. 같은 부모로부터 태어난 자손들이지만 각자의 개성이 도드라지는 반면 가족만의 공통점도 보인다.

　어느 날 중년 목소리의 여자 분에게 가족사진 촬영 예약을 받았다. 인원이 꽤 많은 편이라 일가족이 다 모이려면 늦은 밤에 촬영해야 한다고 한다. 작업시간에 크게 구애받지 않기에 흔쾌히 접수했다. 약속한 당일 저녁 8시가 되자 식구들이 다 모였다. 연로하신 아버지와 장성했지만 장애가 있어 혼자 힘으로는 제대로 서지 못하는 아들, 그리고 누나들이 함께 사진을 찍으러 왔다. 어머니는 돌아가신 것 같았다. 그들을 맞이하고 둘러 앉아 오늘 작업힐 가족사진에 대해 이야기를 나누었다. 항상 그렇듯이 사진 구성에 대한 이야기보다는 먼저 가족들과 대화를 나누었다. 그래야 이들의 관계를 살필 수 있기 때문이다.

여러 이야기를 나누던 중 누나 한 분이 남동생이 장애가 있어서 혼자 서지 못하니 앉아서 촬영하게 해달라고 요구했다. 혼자 서있을 수 없으니 앉아서 사진을 찍는 것이야 당연한 일이었다. 순간 감각적으로 무언가 와닿는 게 있었다. 머릿속은 빠르게 시뮬레이션 되면서 상상하고 있었다. 가족은 함께하는 것이고 부족한 점을 서로 보완하며 살아가는 공동체이다. 남이야 안 보면 그만이지만 피로 맺어진 가족은 그럴 수 없다. 몸이 불편한 가족을 온 가족이 서로 의지하고 지탱해주면서 몸에서 몸으로 요동치는 가족의 온기를 느끼게 하고 싶었다.

머릿속에 그림을 그린 후 가족들이 모두 힘을 모아 아들과 함께 서는 것이 어떠하겠냐고 제안했다. 불편한 가족을 앉게 해서 찍으면 서로가 편하겠지만 이런 상황이 오면 내가 가진 오감은 본능적으로 반대로 상상하곤 한다. 대부분 사진작가들은 고객이 원하는 대로 작업한다. 그러나 상황을 일단 뒤집어 놓고 보기를 좋아하는 나로서는 그냥 주어진 대로 할 수 없었다. 그렇다면 어떻게 하는 것이 좋을까? 촬영 그림을 거꾸로 생각하고 '어떻게, 언제가 적절한 타임일까'를 고민한다. 내가 말하는 적절한 타이밍이란 그 순간 거기에 모인 사람만이 표현할 수 있는 상황이 나타나는 시점이다. 그러나 결코 쉽지 않다. 그 순간이 내 마음대로 쉽게 나타나지 않기 때문이다.

사진 작업이 끝난 후 결과물을 보고 '이걸 이렇게 했어야지' 하고 후회한다면 그리 유쾌하지 않다. 상황마다 즉흥적으로 다다를 수 있다는 게 인물

사진의 묘미가 아닌가. 우선 가족들을 횡렬로 세워 놓고 자세는 가운데로 향하게 했다. 서로 힘으로 의지하고 지탱하라고 요구한 것이다. 아무래도 서로가 의지하는 자세가 어색하다 보니 분위기를 재미있게 만들면서 서로 잡고 밀고 당기도록 하는 등 내가 상상하는 그 순간, 그 모습이 자연스럽게 나타나길 기다렸다. 가족 간 관계에 대해 묻기도 하고 내가 웃기는 말투와 몸짓을 짜내기도 하며 이런 저런 이야기를 놀이처럼 진행해 나갔다.

늙은 아버지, 몸이 불편해 혼자 서지도 못하는 아들, 서로 뿔뿔이 흩어져 사는 형제들을 보며, 그렇게 부둥켜안고 서로의 체온을 느낄 수 있는 시간도 많지 않았을 것이라는 생각이 들었다.

'참 행복해 보인다.'

사진을 찍는 내내 내 가슴에서 들려오는 소리였다. 이런 과정을 모르는 남들이 보면 서서 끌어안고 있는 흔한 가족사진 모습일 것이다. 하지만 지금까지도 내 기억에 남아 있는 그 가족은 다른 사진 작업을 할 때와는 달리, 특별한 유대관계를 갖게 했고 나 스스로도 손에 꼽을 만큼 행복한 촬영이었다. 결과물을 보는 가족들 모두 만족했고, 왜 그런 자세를 요구했는지 작가의 생각과 마음도 이해해 주었다. 이럴 때면 작가로서 너무도 행복해진다.

모든 작업을 마치고 가족들이 돌아간 나의 작업실에는 다시 적막함이 찾아왔다. 커피 한 잔을 내려놓고, 내가 좋아하는 음악 한 곡을 틀고 의자에 기대어 앉았다. '왜 그랬을까? 왜 내 마음이 그토록 그 가족들에게 몰입이 되었을까? 잔잔한 음악과 따뜻한 커피 한 잔에 내 몸은 풀어졌고, 마음은 어린 시절로 돌아갔다.

초등학교 1학년 정도로 기억하는데, 어떤 일인지는 모르나 아버지께서 어깨에 손을 얹어주셨던 따뜻한 손길이 기억났다. 그리고 내가 성인이 되어 힘든 인생살이를 이어 나가던 중 감기가 걸려 고열에 시달렸던 날이 있었다. 끙끙 앓아 누워 있는데 아버지가 조용히 들어오셔서 자는 척하고 있는 내 머리에 열을 재느라 올려주신 거칠고 두터운 손의 온기가 기억났다. 내가 그렇게 아프지 않았다면 느낄 수 없었던 아버지의 온기였다. 내 인생살이가 고되지 않았으면 알 수 없었던 아버지의 거친 손이었다. 아버지의 거칠지만 따뜻한 손길을 느낀 이후로 나의 사진 촬영에서는 손이 매우 중요한 포인트 중 하나가 되었다.

부부가 오면 서로 손을 잡으라고 해놓고는 손가락 사이사이에 위아래로 바꿔가면서 한참을 만지작거리라고 주문을 넣는다. 그 순간만큼은 마법에라도 걸린 듯 그들이 젊은 날의 뜨거운 과거로 돌아가게 하고 싶은 마음에...

그날의 가족사진도 그러했다. 사람은 많지만 언제 한번 서로 마음 편히 안아 봤을까? 언제나 몸이 불편한 동생의 편의를 위해 안게만 했을 가족이지만 부둥켜안고 함께 서볼 생각은 못했을 것이다. 서로를 편하게 해주는 것은 떨어져 있으면 된다. 이것은 쉽다. 하지만 불편해도 서로 온기를 느끼는 가족의 관계를 지켜가기란 요즘 세상에서 여간 쉽지 않다. 불편하고 부족한 가족이 있을수록 가족은 서로 기대야 한다.

　이제야 내가 그토록 그 가족에 몰입될 수 있던 이유를 알아챌 수 있었다. 몸이 불편한 아들이 바로 내 모습이었고, 내 몸에 얹혔던 아버지의 손이 그 가족이었기 때문이란 생각이 들었다. 가족사진에는 가족의 추억이 담겨야 한다. 가족사진에는 가족의 온기를 담아야 한다. 내가 찍는 사진은 그런 사진이고 앞으로도 그럴 것이다.

3. 나만의 사진 찍는 비결

　연주 포스터를 위한 단체사진을 촬영하다 보면 그 성격이 매우 다양하다. 악기들, 옷, 친한 그룹부터 신생의 그룹, 수직관계의 어려운 관계 등... 그 안에서 음악적이든 인성적이든 다른 성격들이 엄연히 존재하니까 여러 변수들이 있다. 특징을 어떻게 살릴 것이냐가 중요할 때도 있고, 사진에서 음악적인 표현을 해야 할 때도 있고 시각적으로도 튀어야 할 때가 있다.

　수많은 일들을 하다보면 한꺼번에 여러 가지를 해내야 할 때가 있다. 사진 초창기에는 거의 독학으로 공부하다 보니 할 수 없이 서바이벌 게임이라고 할 수 있는, 나만의 훈련법이라고 할까? 자기최면, 자기훈련, 상황극 등이 그것들이다. 다른 스튜디오에서 직원들은 어떻게 지도하는지 잘 모르겠지만 시간이 지나야 해결될 일들이 많은 것으로 안다.

　그러나 시간을 줄이는 나만의 방법을 찾게 되었다. 3인 가족사진이 오면 포즈를 어떻게 할까? 이렇게 저렇게... 따져 본다. 고전적 스타일에서는 연출을 그림으로만 가르치는 것 정도에 불과하다. 나는 혼자 상황극을 만들어서 각자가 다른 옷, 다른 크기, 다른 특징의 이미지를 설정하고, 이를 혼잣말로 중얼 거리며 연출하는 촬영 과정을 매일 반복해보았다.

이렇게 한다면 어떨까? 이런 생각이 들까? 저런 생각이 들까? 하면서 임의로 중얼거리며 실제 상황처럼 연습을 해보았다. 심지어 말을 더듬는 직원이 들어왔을 때도 이 훈련을 시켜보았다. 6개월 정도가 지나자 처음 훈련을 할 때와 달리 준프로급으로 혼자서 가족사진을 촬영할 정도가 되었다. 가히 서바이벌 게임이라 해도 될듯하다.

단체사진을 찍다보면 상석같은 자리가 있다고 믿는 사람들이 많은데 존재감 없는 자리를 메꿔야 하는 자리도 있을 듯하다. 심지어 그 자리가 존재감이 없는 사람이 공교롭게도 그 자리를 메꾸는 거라면 그건 좀 슬픈 일 같아 때에 따라서는 촬영할 때 일부러 배경을 찢어서 한사람씩 모두 눈에 띄게 하고 전체적으로는 멋진 하모니를 이루는 조화로운 구도를 연출하기도 한다.

그건 아마도 어렸을 적에 정말 존재감 없이 지낸 학창시절에 나를 세상에 내놓고 싶은 절규 같은 표현일지도 모른다. 아무튼 잘 고안해낸 연출인 것 같다. 한번 히트 친 아이디어를 낸 팀은 다음 촬영 때 더 히트를 칠 다른 것을 만들어 내기도 한다. 물론 살 떨리는 위험도 있지만 말이다. 사진 촬영은 늘 똑같지 않다. 매번 더 큰 히트를 치기 위해 부단히 노력하는 개척의 길이다.

세상살이는 그런 게 아니다
사랑없는 눈부신 행복보다는
사랑있는 소박한 행복을

- 정연복

4. 작은 것이 더 어렵다

내 인물 사진에서는 증명사진이 차지하는 중요성이 아주 크다. 하지만 불과 몇 년 전만 해도 증명사진이 가지는 소중함을 잘 몰랐다. 사진을 찍어준 대부분의 사람들도 증명사진은 그냥 한번 사용하는 일회성이라고 생각해서인지 그닥 중요하게 생각하지 않았다. 그냥 대충 찍고, 못 나와도 되는 사진으로 인식하는데 그도 그럴 것이 증명사진은 어딘가에 제출하는 용도로 쓰이고, 최근 사진을 요구받는 경우가 많아 한번 쓰고 버리는 사진이라고 생각하는 것도 무리는 아니다. 하지만 사진을 음식에 비유해 보면 생각이 달라진다. 음식점에 가면 물을 마시거나 기본반찬 맛만 봐도 그 집의 음식 솜씨를 알 수 있다. 메인 음식을 맛나게 하는 집은 함께 나오는 반찬이나 서비스에도 소홀하지 않기 마련이다. '설렁탕집은 깍두기 맛으로 간다'는 말도 있다.

니는 사진관 수준을 가늠하는 척도는 증명사신이라고 생각한다. '증명 사진에 소홀한 곳에서 좋은 작품사진이 나올 리가 없다.'는 것이 내 기본이다. 촬영하는 사람도 증명사진은 이익이 작으니 수입에 도움이 되지 않는다고 생각하니까 소홀하게 생각하는 경향도 있고, 불과 몇 년 전만 해도

'얼굴만 잘 나오면 되지 뭐' 하는 안일한 태도로 작업하는 포토그래퍼들이 많았던 것도 사실이다.

　어느 여름날, 아버지로 보이는 분이 네 살짜리 아이와 함께 증명사진을 찍으러 왔는데 아버지가 약간 거슬려 보였다. 건들건들한 걸음걸이에 대충 입은 옷과 어울리지 않는 슬리퍼에 튀어나온 발가락이 한눈에 들어왔기 때문이다. 내가 옷차림으로 사람을 차별하는 것은 아니지만 옷차림과 행동은 그 사람의 생각이나 내면을 비춰주는 경우가 많았다는 것을 경험으로 터득하고 있기에 그 아버지를 주목할 수밖에 없었다.

　비싼 옷과 액세서리로 치장했다고 옷을 잘 입는다고 생각하지 않는다. 깔끔하게 상황에 맞게 입는 것은 상대에 대한 예의기도 한데 나의 작업공간이 슬리퍼에 발가락을 내밀고 들어오는 것은 자존심이 허락하지 않는다. 아이 증명사진 하나 찍으러 온 건데 내가 유별나다고 생각할 수 있지만 딱 보기에도 정이 안 가는 사람도 있다. 또 잘해 주고 싶은 사람이 있는 것은 사람을 많이 접하는 직업을 가진 사람이라면 공감할 것이다.

　나는 촬영을 할 때 표준세팅 상태에서 인물만 바꿔가며 공식을 가지고 찍는 게 아니다. 늘 그때 그때, 그 사람의 개성에 맞게끔 라이팅을 조금씩 바꿔가는 게 촬영 스타일이다 보니 그날도 아이에 맞게 의자방향과 라이팅을 세팅한 뒤, 아이 표정을 이끌어내려고 엄청 애를 쓰고 있었다. 그런데 갑자기 등 뒤에서 이런 말이 들린다.

"아저씨, 그만합시다. 앤데 뭐 그렇게 열심히 찍습니까? 대충 찍지 말이야."

들어올 때부터 인상도 마음에 들지 않았는데 그런 말을 들으니 갑자기 속에서 화가 훅 치밀어 올랐다. 이런 소리 들으려고 여태 이 어려운 사진을 고집했나 하는 생각이 들면서 '아, 이건 아니다.'라는 생각이 들었다.

웨딩사진이나 가족사진 같은 경우는 가격도 높고 스스로가 기념이 되는 중요한 사진이라 생각을 해서인지 "잘 부탁드립니다."라는 인사로 시작하는 게 일반적이지만 증명사진만큼은 "대충 찍어 주세요." "잘 안 나와도 돼요."라는 이야기를 듣는 경우가 종종 있다.

"아저씨! 미안한데 아이 데리고 나가세요. 당신하고 내가 찍은 사진을 나눠 가질 생각이 없어요. 세상에는 중요한 일과 중요하지 않은 일이 있는데, 당신은 당신 아이 사진을 찍으면서 '지금 우린 중요하지 않은 일을 하고 있다'고 느끼게 만들고 있어요."

기분이 매우 상한 나는 셔터를 휙 집어던졌다.

"무엇보다 사진 찍는 내가 열심히 하고 있는데, 왜 중요하지 않은 것처럼 나에게 열심히 하지 말라는 건지 이해가 안 됩니다. 나도 잘 찍을 기분이 나지 않아 못 찍겠으니 나가세요. 아니면 사과하시고 다시 사진 찍으실래요?"

화가 난 나는 계속 덧붙였다.

"당신은 아이가 못 알아들을 거 같았는지 모르지만 그렇게 얘기하시면 안 돼요. 나도 나지만 아이 입장에서 볼 때도 우리 아빠가 자기 사진을 찍어 주는데 대충대충 한다고 생각되면 아이 기분은 좋겠습니까? 그리고 증명사진은 얼굴만 나오면 되니까 대충해도 된다고 생각하는 사진입니까?"

아버지는 당황했는지 한참을 망설이는 표정을 짓더니 조금 풀죽은 목소리로 "미안합니다. 저는 그냥 아이사진인데 뭘 저렇게 공을 들이나 싶어서 대충 찍으라고 말씀드렸던 건데 기분이 상했다면 죄송합니다."라고 한다.

"아버지는 일단 밖으로 나가 주세요. 아이랑 제가 어떻게든 이 촬영을 해 볼 테니까요."

그렇게 아빠를 내보낸 후 나는 아이 기분을 푸는 쪽으로 분위기 전환을 시작했다. 나는 아이 옆으로 다가가 조용히 앉으면서 눈높이를 맞췄다. 그렇게 보니 눈이 더 맑아 보이는 아이였다.

"이쁜 꼬마야. 너 참 예쁘구나. 아저씨는 아빠랑 싸운 거 아니야. 어른들끼리 이런저런 얘기를 한 거야. 아저씨가 사진을 많이 찍어 봤는데 너는 참 예쁜 얼굴을 가졌어. 우리 촬영 한번 잘 해 볼까? 귀엽게 잘 해보자."

내가 먼저 환하게 웃으며 하이파이브를 하니 아이도 큰 몸짓으로 호응하며 금세 얼굴이 밝아졌다. 촬영 내내 웃긴 이야기도 하고 과한 액션도 하면서 즐겁게 분위기를 이끌어 갔더니 아이에게서 너무 좋은 표정이 나타나기 시작했다. 기다리던 타이밍을 놓치지 않고 셔터를 눌렀다.

　그렇게 작은 아이와 교감하면서 나타나는 표정은 좋은 결과물로 남았고 사진을 본 아버지도 나에게 미안한 마음이 더해지는 표정을 짓고 있었다. 아이와 호흡과 눈높이를 맞추는 일이 얼마나 중요한지 다시금 깨달았다. 아이는 아이 수준에서 눈을 맞춰야 되고 어른은 어른 수준에서 맞춰야 공감대가 형성된다. 라이팅을 잘 활용하거나 소품을 적절하게 잘 쓰는 것보다 공감능력이 사진에서 굉장히 중요하다는 것이다.

　사진작업은 뛰어난 사진기술보다 작업하는 동안 따뜻한 분위기에서 함께하고, 즐거움을 함께할 수 있는 공간이 먼저 형성돼야 한다. 일종의 공간예술이다. 그래서 인물사진을 찍을 때는 사진 촬영 기술보다 인물이 가진 가장 자연스러운 표정을 드러낼 수 있도록 작가와 인물이 교감하고 공감대를 형성하는 적절한 대화가 매우 중요하다.

　나이대별로 대화도 달라져야 함은 자명하다. 성의 없이 형식적인 대화나 진행은 용납될 수 없는 영역이다. 인물의 나이가 20대면 학교 졸업과 진로, 아니면 새로운 사랑, 새로운 시작에 대해 대화한다. 때로는 성공하고 때로는 실패하는 그런 얘기들은 30대와 잘 통한다.

　"이렇게 하면 안정적으로 길을 갈 수 있나?" "이 선택이 올바른 길인가? 아니면 무언가 새로운 도전을 해야 하나?"와 같은 인생설계에 대한 얘기도 좋다. 그리고 인물이 40대라면 아이들 키우면서 보람을 느끼는 일이나 힘든 일, 그리고 자신이 감당해야 하는 자리매김의 스트레스에 대한 이야기를 하면 서로가 잘 통한다.

어쨌든 20대와 30대, 40대와 50대가 겪고 있는 그때그때의 공통된 상황들을 이해하고 공감대를 형성하는 순간, 사진에 담기는 인물의 표정은 확실히 바뀌게 된다. 사진작가가 피사체와의 교감없이 자신만의 생각으로 그림을 그리고 찍는 인물사진 촬영은 하수의 결과물이다. 아무 연결고리도 사전지식도 없이 새로 만난 사람과 '어떤 이야기를 할까?' 고민하는 것보다는 내가 살아 온 경험을 토대로 솔직한 마음과 생각을 먼저 풀어낼 때 '맞아. 그렇지!' 하는 공감과 함께 인물의 속마음이 빗장을 열고 고개를 내민다.

그래서 나는 솔직함을 중요하게 여긴다. 포장이나 거짓이 섞인 대화는 인간적이지 못하다. 세상살이에서 느끼는 감정이나 생각은 다 비슷하다. 그래서 나는 내 마음 속 이야기를 풀면 훨씬 더 따뜻하고 인간적인 사진을 찍을 수 있다고 확신한다.

5. 사진작업은 많은 에너지가 필요하다

    몇 시간을 몰입해 사진을 찍고 나면 온 몸이 경직되고 근육통으로 밤새 고생하기 일쑤였다. 그래서 작업실 가까운 곳에 운동하는 곳이 있으면 잊지 않고 가는 편이다. 그때도 작업실에서 가까운 헬스장을 열심히 다녔는데 뭔가를 시작하면 온통 집중하는 스타일이다 보니 아침저녁으로 운동에 빠져 사느라 운동이 직업인지 사진이 직업인지 분간이 안 될 정도였다.

    매일 빠지지 않고 출석부를 찍던 어느 날 우연히 옆에서 운동 중인 젊은 청년 한 명이 눈에 들어왔다. 오가며 자주 보긴 했지만 '운동 참 열심히 하네' 하는 정도로 생각했는데 그날은 그의 눈빛에 시선이 고정되었다. 너무도 우울해 보이는 그의 눈을 보고나니 운동에 집중도 안 되고 마음이 쓰이기 시작했다.

    나와 상관없는 사람이지만 왠지 그가 궁금해졌다.

    '무슨 사연이 있기에 눈빛이 저리도 우울해 보일까?'

    궁금하면 못 참는 내가 아닌가. 평소 목인사만 가볍게 하는 사이였기에 조심스레 다가가 가볍게 말을 걸었다. 청년도 조금 어색한 태도로 경계하듯 나의 말을 받아주었고 이런저런 이야기 속에 저녁에 가벼운 술자리를 같이 하기로 약속했다. 약속한 저녁시간이 되어 스튜디오를 정리하는데 머릿속에는 계속해서 그의 눈빛이 맴돌았다.

'이상하네. 그럴 이유가 없어 보이는데... 왜 그렇게 힘들어 보일까?'

약속장소에 만나 인사를 나누고 앉았다. 자리에 앉자마자 나도 모르게 불쑥 말이 튀어나왔다.

"당신 말이지... 그렇게 힘들어 보일 이유가 없는데... 그치? 근데 참 이상하다. 그치?"

이렇게 첫 말을 건네는데 갑자기 그가 울음을 터트렸다. 작업실에서 면담할 때는 종종 있는 일이지만 일과 상관도 없고, 더구나 식당에 남자 둘이 앉아있는데 한사람이 울고 있으니 분위기가 참 묘해졌다. 아마도 묵묵히 참고 있었던 외로움에 내 한마디가 물꼬를 터트린 모양이었다. 잠시 잠깐 울먹이던 그는 생각을 정리하는 듯한 모습을 보이더니, 묻지도 않은 자신의 과거 이야기를 시작했다.

한국의 많은 어르신들이 그러하듯 그에게는 무뚝뚝한 아버지가 있었다. 그래도 집안은 여유가 있었는지 아들 교육에 관심이 많았던 부모는 다섯살밖에 안된 그를 영국으로 조기 유학을 보냈다. 너무도 어린 나이에 외국에서 홀로 홈스테이를 시작한 것이다. 이때 그는 부모에게 버림 받았다는 트라우마가 생겼다.

영국 증권거래소에서 일할 만큼 엘리트로 성장했지만 결국 한국으로 돌아올 수밖에 없었다. 어머니가 암으로 한 달이라는 시한부 선고를 받았기 때문이다. 그는 어머니 간호를 위해 한국에 귀국했지만 너무 어린 나이에 해외로 나간 터라 국내에는 친구가 없어 의지할 만한 지인이 없었다. 그나마 가족뿐인 그에게는 대화가 전무한 아버지가 전부였다.

어머니는 아프시니 마음 털어놓고 말도 못하고, 대화 나눌 상대가 없으니 하루 18시간을 운동에만 빠져 있었다. 당연히 힘들어 보일 수밖에 없었던 거다. 이야기를 조용히 경청하던 나는 "잘 버텨냈네." 하며 그의 어깨를 툭툭 쳐주었다. 그런데 갑자기 그가 "아버지가 한마디라도 그런 말을 했다면 서운하지 않았을 텐데요." 하며 서럽게 울기 시작했다. 술도 한잔했고, 서럽게 우는 모습이 마치 내 모습을 보는 것 같아 그에게 이런 말을 꺼냈다.

"어머니가 곧 돌아가시는 게 틀림없는 사실이니 가족들 함께 이별여행을 한번 해보는 게 어떨까?"

그는 너무 슬퍼서 그런 말을 꺼낼 수가 없다고 했다. 하지만 내 경험으로 이러면 분명히 후회만 남을 게 분명한데 그냥 둘 수 없었다.

"엄마 돌아가시면 이런저런 기억들이 날 거야. 지금 마음으로는 엄마에게 미안하다, 고마웠다, 사랑한다는 말들을 하기 힘들겠지만 반드시 해야 해. 지금밖에 시간이 없다는 거 잘 알지?"

한참 동안 그의 이야기를 들으며 같이 눈물을 흘렸고, 우리는 점점 취해갔다. 며칠 뒤 그로부터 연락을 받고 목소리가 한결 가벼운 것이 뭔가 해낸 듯한 느낌이 들었다.

"엄마 아빠와 여러가지 좋은 변화들이 생겨서 맘이 편해졌어요."

"정말 잘했다. 잘했어... 엄마 돌아가시기 전에 가족사진 찍으러 와. 내가 좋은 추억 남겨줄게."

사실은 어떻게 풀어야 할지 나도 몰랐지만 그 가족에게 선물 같은 사진을 남겨주겠노라고 약속했다. 며칠 뒤 촬영 당일에 스튜디오로 들어오시는 아버지를 뵙는데 첫인상이 만만치 않은 분이었다.

'아~ 저의 아버지보다 몇 배는 더 완고해 보이시네. 이런 분도 있었구나. 이 친구 마음 고생이 이만저만 아니었겠는 걸.'

나는 바쁘게 움직이며 일단 기본적인 연출을 해놓고는 아버지에게 말을 걸었다.

"아버님, 오늘 이자리가 어떻게 만들어졌는지 아세요?"

그 분은 나를 쳐다보며 의아한 표정을 짓고 있는데 '이 사람이 사진은 안 찍고 무슨 뜬구름 없는 얘기를 꺼내나?' 하는 표정이었다.

나는 그 순간을 포착하자마자 망설임 없이 이야기를 꺼냈다.

"여기 있는 아드님 마음 속에 품고 사는 한이 하나 있습니다. 그건 바로 어릴 때 부모로부터 버려졌다는 생각입니다."

갑자기 놀란 표정을 짓는 아버지는 쓸데없는 얘기를 다른 사람에게 했다면서 아들을 나무라기 시작했다. 청년은 그런 아버지의 모습을 보자마자 마음이 격했는지 울기 시작했지만, 아버지는 아랑곳하지 않고 자신의 체면치레 얘기만 했다. 이왕 시작한 울음이 멈춰지질 않는지 아들은 계속 울고 있고, 나는 아버지에게 좀 더 다가서서 아들을 안아주라고 요구했다. 아버지도 울고 있는 아들을 보다 못해 어색한 포즈로 안아 주었지만 역시나 어쩔 수 없는 표정이 역력했다. 형식적인 포옹이 안타까워 또 다른 요구를 했다.

"아드님이 다섯 살 때 아버지는 몇 살 정도셨나요? 그때 모습, 그 기분으로 돌아가셔서 진정으로 끌어안아 주세요."

잠시 망설이던 아버지는 작심한 듯 표정을 짓더니 아들을 와락 끌어안았다.

기대 이상이었다. 아버지는 서럽게 우는 아들을 가만히 한참 동안 안고 있더니, 부드러운 손놀림으로 아들의 등을 토닥토닥거렸다. 몇 번을 토닥거리는데 그 순간 아들은 그동안 쌓인 감정을 토해내듯 오열하기 시작했다.

"이 순간을 잘 기억해 아들. 이런 아버지의 온기로 평생을 사는 거다."

순간 내 입에서는 이런 이야기가 튀어 나왔고, 아들은 울먹이며 나와 눈만 마주치고 있었다. 한결 편해진 마음으로 아버지와 아들의 촬영을 마치고 나서, 어머니의 활짝 웃는 영정사진을 찍어드렸다. 세상 무뚝뚝해 보이기만 하던 아버지가 아들을 쳐다보며 한마디 하셨다.

"아들 우리 내년에 또 찍자! 이거 참 재미있구나."

나는 돌아가신 어머니가 생각나는 순간 울컥한 감정이 들었고, 환히 웃고 있는 어머니 손이라도 잡아드리고 싶었다.

"어머님, 저 무뚝뚝하신 아버지께서 내년에 또 사진 찍자고 하시네요. 어머니도 힘을 내서 치료 잘 받으세요. 내년에도 또 오셔야 합니다. 용기 잃지 마세요!"

내 말을 들으신 어머니는 전보다 더 밝은 표정을 지어 보였고 덕분에 만족스러운 영정사진을 찍을 수 있었다. 그 날의 감동적인 가족사진은 잘 마무리 되었지만, 결국 6개월 후 어머니의 임종 소식을 듣게 되었다. 내 말에 화답하던 어머니의 미소는 자신의 운명을 거스를 수 없음은 알지만 남은 가족의 관계가 편안해진 것을 알게 된 행복의 표정이었다고 생각한다.

임종소식이 전해진 지 얼마 되지 않은 어느 날 아버지와 아들이 함께 인사를 하러 오셨다. 못내 떠나신 어머님은 안타까운 일이지만 한결 부드러워진 아버지의 표정에서 이 가족의 행복과 평온이 자리했음을 느낄 수 있었다. 한 청년과의 우연한 인연이 크게 벌어졌지만 이런저런 상황적인 것 없이 형식에 치우쳐 촬영만 했다면 이런 결과는 가지지 못했을 것 같다. 내가 가족사진을 표정이나 포즈의 문제가 아니라 가족 간의 관계나 추억을 남기는 방향으로 접근하는 이유도 여기에 있다.

6. 사진은 '척'을 싫어한다

점심식사 후 나른한 오후, 달달한 커피 한잔을 마시고 싶어 자리에서 일어나는데 전화벨이 울렸다. 한동안 뜸하던 가족사진 촬영 예약전화였다. 대가족인 듯 식구들이 꽤나 많았고, 따님이라는 분의 목소리는 경쾌해서 나도 덩달아 개운해지는 통화였다. 예약 당일 저녁, 함께 모여서 출발한듯 스튜디오 문을 열고 가족들이 줄줄이 들어오는데 할아버지, 할머니에서부터 자녀들과 손주 손녀까지 요즘 흔치 않은 가족구성이었다. 그런데 경쾌하던 따님의 목소리에 흥겨운 가족일 거라고 생각한 상상과는 달리 뭔가 모를 무거운 분위기가 흘렀다.

"이건 뭐지? 오늘도 쉽지는 않겠는데…"

안타깝지만 예상은 적중했다. 가족들과 함께 들어오신 어머니는 나를 보자마자 대뜸 큰 소리를 치셨다.

"작가양반, 나 이 양반이랑 같이 앉아서 찍는 거 싫어요. 따로 찍게 해주세요."

허허 이건 무슨 상황이람… 아직 분위기 파악 전이건만 먼저 선제공격을 당한 기분이었다. 순간 나도 모르게 모든 감각을 총 동원하여 상상의 나래를 펼쳤다. 할머니의 실제 생각과 다를 수도 있겠지만 '남편이 젊은 시절 고생을 많이 시켜서 이렇게 싫어하시나?'하는 생각이 들 정도였다.

　이런 대가족의 경우 초반부터 분위기가 가라앉으면 촬영 진행이 거의 불가능하다. 더구나 가족사진의 중심이 되는 분인데 부모님이 고집을 부리는 경우는 더욱 어려울 수밖에 없다. 나는 내가 조정하기 어려운 상황이라고 판단하고 말을 꺼냈다.

　"어머님 아버님, 제 말을 오해 없이 들어주세요. 일단 오늘은 사진 찍지 마시고요, 가족들이 모여서 그냥 멋있는 구도 잡아 사진 찍고 집에 걸어 놓으려는 것이 아니라면 오늘은 아닌 것 같네요."

　그리고 할머니께 초면에 '이런 말씀 드려서 죄송하다'고 양해를 구한 뒤 계속 말을 이어나갔다.

　"저도 자식으로서 부모님에게 보여주고 싶은 모습이 있었지만 표현하지 못한 게 많았습니다. 부모님들도 자식들에게 정감있는 모습을 보여주지 못하고 살아오신 게 많았겠죠? 서로 사랑하면서 원만한 가족관계 속에서 성장한 자녀는 앞으로도 사랑하면서 살아 갈 것이고, 그렇지 않은 자녀들은 사랑이 뭔지도 모르고 살아갈 확률이 높을 거라 생각합니다. 혹시나 조금 전 제가 본 두 분의 모습이 평상시 자녀들에게 보여주는 모습이 아니라면 오늘 이 순간만큼은 자녀들 앞에서 두 분이 사랑하는 모습을 보여주시면 안될까요?"

솔직히 생각이 정리되어 나온 말은 아니었다. 원래 내가 생각을 정리하고 말하는 스타일도 아니거니와 상황을 수습해야겠다는 생각에 그냥 감각적으로 튀어나온 말이었다. 그런데도 생각해 보니 나름 설득력이 있었다. 순간 뿌듯한 생각이 들었다.

'내가 이렇게까지 말했는데도 바뀌지 않으면 촬영은 접어야지 뭐...'

인원수가 많다보니 분위기 파악 못한 손주들은 한쪽에서 떠들고 노느라 할머니 기분 따위는 아랑곳 없었다. 하지만 자녀들은 짜증이 나 보였고, 이럴 줄 알았다는 듯 체념하는 표정도 보였다.

"할머니, 빨리 찍고 가요. 그냥 친한 척 하시고 빨리 찍고 가서 밥 먹어요. 배도 고픈데..."

그러나 어서 찍고 나가자는 독촉에도 불구하고 할머니는 한동안 뭔가를 생각하는 듯 쫘악 가라앉은 표정이었다. 어느 정도 시간이 흐르고 나서야 가족들은 할머니 분위기를 알아챈 듯 잠시 조용해졌다.

손주들은 "할머니 왜 저러서? 할아버지랑 무슨 일 있었나?"라며 웅성거리기 시작했다.

한동안 말이 없으시던 할미님은 뭔가 결심한 듯 비장한 표성을 싯더니 "선생님, 나 준비되었으니 합시다."라며 준비된 의자로 힘 있게 걸어가셨다.

'음, 이제야 내 말을 이해하셨구나. 역시 설득이 되셨나? 하하.' 나름 속으로 만족해 하며 카메라를 쥐고 촬영을 시작했다. 그런데 정말 내가 기대했던 것을 훨씬 뛰어넘는 극적인 상황이 벌어졌다. 자리에 앉으시고 카메라 셔터를 누르기 시작하자 갑자기 할머니는 눈을 감으며 할아버지 쪽으로 얼굴을 돌렸고 할아버지는 약속이나 한 듯이 할머니에게 키스를 하시는 게 아닌가? 그것도 한창 달아오른 젊은 연인들이나 할 만한 그런 정열적인 키스를 할아버지, 할머니께서 보여주고 있는 것이다.

상상치 못한 상황에 나는 물론이고 식구들조차 깜짝 놀랄 수밖에 없었다. 하지만 이내 박수가 터져 나오고 온 가족들의 얼굴은 세상에 둘도 없는 행복한 표정으로 바뀌었다. 나도 예상치 못한 이 순간을 놓칠세라 셔터를 눌렀다. 항상 그렇지만 나는 무조건 셔터를 누르지 않았고, 내가 느껴지는 감동의 순간에 몇 번을 눌렀을 뿐이지만 행복한 순간을 잡아냈다는 직감이 들었다.

촬영을 마치고 후보정을 위해 사진을 보니 그때의 느낌이 살아 움직이는 결과물이 나왔다. 이런 사진에 보정을 하는 것은 오히려 감정전달을 왜곡할 수 있다고 생각하고 리터치는 전혀 하지 않았다. 사람이 가진 행복한 표정이 발현되는 순간을 잡은 자연 그대로의 사진으로 남기고 싶었기 때문이다.

식구들이 많다보니 어수선해서 할머니와 차분히 대화를 나눌 수 없어 아쉬웠지만, 잠깐잠깐 들은 이야기로 추리해 보면 할아버지가 할머니 속을 많이 상하게 했고, 나이 드신 지금도 그 행동이 유지되고 있는 것 같았다. 하지만 두 분도 불타는 청춘의 열정으로 사랑했을 시기가 있었을 것이고, 서로 살 맞대고 살아오며 이런저런 섭섭함이 쌓여 온 것이다. 할머니 입장에서는 할아버지의 외조가 절실했던 것이리라.

할아버지의 인생도 할머니의 내조가 없었다면, 그리고 할머니가 슬픔을 삭히며 살아온 과정과 시간이 없었다면, 자식만 생각하는 어머니로서의 사랑이 아니었던들, 이런 대가족을 유지하고 지금의 행복한 모습을 지켜 오기란 쉽지 않았을 거라 생각했다.

내 경우도 그랬는데 어릴 때 내가 본 어머니는 기도를 좋아하시는 줄 알았다. 늘 기도하시는 모습을 보았고, 하루도 빼먹지 않았기에 정말 그런 줄 알았다. 내가 어른이 되고서야 어머니 기도의 진짜 이유를 알게 됐다. 가끔씩 '친한 척'이라고 말하며 사진 찍는 가족을 촬영할 때면 그 말이 거슬리기도 하고 그 식구들 얼굴을 찬찬히 쳐다보며 뭔지 모를 마음이 나를 무겁게 만들기도 했다.

물론 그분들이 실제는 그렇지 않겠지만 말 한마디, 표정 하나하나가 마음을 표현하는 셋이다 보니 난 그 표현이 싫었다. 그래서 나는 좋아하는 '척'을 싫어한다. 그날 대가족의 촬영은 할아버지 할머니의 키스로 분위기 대박이 났고, 내가 아끼는 사진 중 하나로 남게 되었다.

가족들이 귀가하고 혼자 인화 작업을 하는데 돌아가신 어머니 생각이

났다. 한 가족을 지키는 건 아버지도 자식도 아닌 어머니의 헌신적인 사랑이라 말하고 싶다. 내 마음을 전달하고 표현하기에 너무도 적합한 사진이었고 행복해 보이는 이 사진을 보면 나도 행복해진다. 가족은 힘들 때 의지하고 더 사랑하고, 버리지 않는 것이니까.

너는 나의 애달픈 꽃이 되고
나는 너의 서러운 꽃이 된다

- 문병란

7. 연주자들의 열정을 훔치는 작업

내가 클래식 연주 무대사진을 처음 시작할 때 일이다. 처음 시작하는 분야이다 보니 공연장에 일찍 도착해 이곳 저곳을 둘러보며 촬영 구도 구상을 하고 있었다. 마침 한 피아니스트도 일찍 들어와서 리허설을 시작했다. 한참을 연주하던 연주자는 잠시 멈추더니 주위를 둘러보기 시작했다. 아마도 자기 연주소리가 어떻게 퍼지는지 밸런스를 들어줄 사람을 찾는 듯했다.

하지만 그 공연장에는 연주자와 나뿐이었는데 연주자는 혼자말로 "아무도 없네."라고 말했다. 분명 나랑 눈이 마주쳤는데도 말이다. 저 사람은 사진 찍으러 온 사람이니까 음악은 잘 모를 거라고 생각하나보다. 그렇게 생각하자 순간 부끄러움이 몰려왔다. 무대사진만 생각했을 뿐 음악을 잘 모르는 게 사실이었다. 클래식 피아노 음악을 음악적으로 감상해본 일이 없으니 공연장 음향이나 소화를 알 리 없었다. 무대 한구석에 우두커니 서서 '앞으로 어떤 준비를 해야 하고, 또 어떤 생각을 하면서 무대사진을 찍어야 할까?' 하는 생각에 머리가 무거워졌다.

사진을 찍기 시작했던 20대 때만해도 무대사진 촬영은 사진사가 진행

사진을 찍는 기록사진 정도로만 생각했다. 하지만 무대사진이란 아주 특별한 사진이고, 사진 작가도 특별해야만 무대사진을 잘 찍을 수 있다고 생각했다. 그런데 투명인간 취급을 당했으니 온몸에 식은 땀이 흘렀고, 심장이 멈출 것 같았다. 당시 음악에 관해 문외한이었고, 존재감이 없었다. 그래도 이 길을 가고 싶었다. 그 이후 촬영에 임하기 전 그날 연주할 연주곡을 CD를 통해 미리 듣기 시작했다. CD를 구하기 어려운 경우는 공연 촬영과 관계없이 그 곡을 연주하는 다른 연주회에서 음악을 감상하기도 했다.

이런 생활을 반복하면서 무대 뒤에는 항상 음악평론가를 자주 만나곤 했다. 일부러 뒷자리 평론가 옆에 앉아 있다가 연주가 끝나면 내 느낌을 정리해 보고, 평론가에게 "오늘 연주는 어떤가요?"라고 묻기도 했다. 음악가에 대한 평론가 선생님들 이야기는 글과는 달랐다. 글에서는 호평해도 그날 연주에 대해 솔직하게 이런저런 이야기를 해 주었다. '아, 오늘 이런 느낌의 연주는 이런 평을 듣게 되는 거구나.' 전문 평론가의 평과 내 감상을 비교하면서 음악적 관심도 높이고, 천천히 안목을 높여갔다.

어떤 날은 운전하다가 라디오에서 나오는 음악소리에서 뭔가 호흡 같은 게 느껴졌다. 연주 마디마다 아홉을 세고 호흡을 뱉어보기도 하고, 흥얼거리면서 스물을 세고 뱉어 보기도 하고, 박자에 맞춰 호흡을 멈춰 보는 등 꾸준히 감상했다. 이렇게 느껴지는 대로, 보이는 대로, 생각나는 대로 음악을 감상했던, 노력을 참 많이 했던 시기였다.

모든 분야에는 전문가가 있게 마련이다. 다행히 클래식 전문가들은 내가 가식 없이 드러내는 지식의 일천함을 열정으로 이해하고 따뜻하게 안아 주셨다. 음악에 대해 한 마디라도 더해 주었고, 깨닫고 이해하게 해주었다. 그렇게 꾸준히 노력했다. 무대사진작가로서 지금의 김도형이 있기까지 그 선생님들의 은혜를 잊지 않았고, 이 글을 통해 다시 감사의 마음을 전하고 싶다.

여러 선생님들의 도움으로 성장하고 있다고 생각할 즈음, 어느 연주회 현장을 촬영하게 되었다. 열심히 사진을 찍다가 나도 모르게 신음하듯 나지막하게 탄성을 내지르고 말았다. 지휘자가 손을 번쩍 들 때마다 반사적으로 셔터를 누르고 있는 나를 발견했다. 연주의 흐름을 이해하지 못하니 지휘자를 따라 셔터를 누르는 타성에 젖었던 것이다. 이건 아니라는 생각이 번쩍 들었다. '연주 자체를 이해하지 못하고 지휘자만 따라가면 안 되는데…' 그때부터 그게 뭘까? 라는 생각에 매일 고민했다.

'그렇지. 연주회는 지휘자 혼자 하는 게 아니야. 각각의 악기와 연주자들의 조화인데. 그래 이제부터는 악기 하나하나, 연주자 한명 한명에 집중해 보자.'

오늘은 저 기다란 악기소리만 들어 보겠다. 오늘은 저 반짝거리는 악기소리만 들어보겠다. 오늘은 저 덩치 큰 악기소리만 들어보겠다. 그런 식이었다. 연주자의 손이 움직일 때마다 집중하기 시작하니까 어느 순간 그

소리가 천천히 들리기 시작했다. 어느 순간은 지휘자가 손을 번쩍 들어도 '아, 지금은 저 사람 때문에 안 돼.' 하면서 오케스트라 전체가 한 눈에 들어오기 시작했다. 마치 지휘자가 된 것 마냥 오케스트라와 일체감을 느꼈고, 소리의 조화를 이해하기 시작하자 소리를 빛으로 느끼게 되었다.

이렇게 한걸음씩 음악과 사진에 대한 접점이 커져가고 있을 때였다. 바이올린 주자 한 명이 사진을 찍으러 왔다. 외국에서 온 고3 여학생이었는데 느낌이 좀 특별했다. 어떤 분위기를 끌어낼까 잠시 궁리하던 차에 갑자기 그 학생에게서 아기를 가슴에 끌어안은 이미지가 겹쳐 보였다.

뜬금없는 질문을 던졌다.

"포옹해봤니? 아주 오랜만에 만난 친구 말이야"

"당연하죠. 안아봤어요... 왜요?"

"그래, 그럼 아저씨가 시키는 대로 해볼래? TV에서 연인들이 하는 열정적인 포옹 말고, 뭔가에 상처입은 친구의 마음을 달래듯 손을 잡고, 천천히 포옹하면서 서로의 체온을 느낄 때 말이야. 형식적으로 안아주는 게 아니야. 뜨거운 눈물을 쏟을 때 훅하는 상대의 열기를 느끼는 그런 걸 말하는 거야. 그리고 상대의 마음이 누그러질 때까지 천천히 집중해 가면서 상대 온기를 느끼는 것이지. 그러면서 마침내 마음이 서로 하나가 되는 거야."

그랬더니 학생이 잠시 눈을 감고는 같이 상상하기 시작하자 원하는 분위기가 나오기 시작했다. 학생은 가슴에 끌어안은 바이올린 목 부분에 천천히 입술을 들이대는데, 그 순간 신체 구조상 엉덩이가 뒤로 점점 빠졌고, 덕분에 학생의 몸 전체가 여성스런 라인으로 부드럽게 표현되었다. 마치 '바이올린은 사람이고 사랑이다'는 말을 하는 듯 했다. 단순한 도구로써의 악기가 아닌 연주자에게는 더할 나위 없이 친근하고, 어쩌면 연주자와 동질성을 가진 가장 소중한 무엇이라고 표현하는 사진으로 남았다.

연주자에게 악기는 꼭 필요한 존재지만 너무 힘들게 하는 애증 관계이기도 하다. 그래서 힘든 열정의 연주가 끝났을 때의 느낌은 마약 같은 중독성을 가지게 한다. 힘들게 끝냈지만 또 다시 연주하고, 수 없이 반복하면서 음악과 함께하는 모습이 마치 마약 중독자 같기 때문이다. 연주자는 불나방이 불속에 뛰어들 듯 매력적인 일에 빠져든다. 자기분야에서 열정적으로 일하는 사람들을 가까이서 지켜보는 일은 흥미롭다. 그들을 통해 나의 삶도 저렇게 성공적으로 자리매김하고 싶은 욕망이 무대 사진을 떠나지 못하는 이유다.

에필로그
호흡, 조율, 흐름

호흡, 조율, 흐름은 필자의 3가지 주요 키워드이다. 촬영장에서 처음 하는 일은 피사체에 호흡을 유도하여 차분하게 마음을 진정시키고 촬영을 한다. 그다음 나와 감정을 소통하는 조율을 하고 필자와 피사체는 하나가 되어 흐름대로 촬영을 하는 것이다.

많은 사람이 인생을 살면서 목적지가 어디로 가는지 모르고 살아간다. 비유하자면 기차표를 손에 쥐고 열차에 앉아서 이 열차는 어디로 가는지 모르고 살아가는 사람이 많다는 것이다. 필자 역시 삶을 돌아보면 목적지를 모르고 살아온 기억이 많다. 그동안은 주관적으로 삶을 판단했다면 지천명(知天命)이 넘은 이 시점에는 하늘의 흐름에 맞추어 살아가겠다는 다짐을 해본다.

하늘의 흐름을 많이 거역해 왔지만, 이 책을 집필할 때도 예외는 아니다. 필자의 이야기를 쓰려고 마음먹었을 때 상당한 자신감으로 펜을 들고 원고를 쓰기 시작했지만 필자의 오만함을 느끼게 되었다. 정신을 차리고 호흡하고 나의 상태가 어디 있는지 조율하면서 차분히 생각하였다. '그래 꾸미지 말고 나의 날 것을 보여주자.'라고 생각이 정리되었다. 호흡과 조율을 하니 원고는 흐름대로 진행이 되었다. '그래 이것이었구나!' 하고 느끼고 쓸데없는 미사여구를 제거한 뒤 꾸밈없이 담백하게 글을 써 내려갔다.

책을 쓰며 가장 크게 느낀 점은 다양한 참고 사항이 필요하고 경험을 활용해야한다는 사실이다. 글을 쓰면서 다양한 참고를 위해 책을 많이 읽고 사색을 하는 계기가 되었다. 무지함은 책을 써야 느낄 수 있는 걸까? 지식이 늘어갈수록 무지의 영역이 커지는 것을 느끼며 지식의 갈증이 생기게 되었다. 아무리 좋은 생각이라도 생각하고 기록을 해야 보석이 된다는 것을 알게 된 것이다. 글을 쓰며 부족한 부분을 채우기 위해 한 독서와 기록은 인생의 즐거움과 기쁨으로 남게 되었다. 필자의 이야기가 사진을 하는 우리 시대의 사진작가에게 힐링이 되길 바라며 호흡, 조율, 흐름을 하는 작가들이 많았으면 좋겠다는 기분 좋은 상상을 해본다.

끝으로 숙명처럼 다가온 음악사진에 모든 열정을 다하다가도 지쳐서 포기하고 싶었던 때에 '사진은 상상하는 것'이라며 필자를 일으켜준 故엄의경 선생님과 필자의 사진에 영감을 준 모든 음악가들에게 감사드린다. 지나고 나서야 무엇이 소중한지를 알게 해준 나를 사랑하고 내가 사랑했던 사람에게도 감사하며, 가족의 품에 돌아와서야 가족의 소중함을 알게 된 가족들에게도 사랑한다는 말을 하고 싶다.

글을 쓸 수 있게 용기와 힘을 도와준 도심 속의 자연인 김한준님, 글의 영감을 주신 존경하는 양재태극권의 정원석 원장님, 음악계의 참교육자 오세란님, 독설로 애정을 표현한 한스경영연구소 한장훈 소장님, 여러 군데 거절당했던 글을 심미안적인 시각으로 봐주셔서 출판에 애써주신 리음북스 김종섭 대표님, 응원을 아끼지 않은 맨하탄유스오케스트라 김형아 단장님께 감사드립니다. 이분들의 노고로 책이 완성되어 부족하나마 지금의 모습을 담을 수 있게 되어서 거듭 감사를 드립니다.

마인드 포토그래퍼 김도형

나는
마인드
포토그래퍼

호흡하고 조율하고 흐름을 타고

초판   2021년 12월 30일

지은이   김도형
발행인   김종섭
편집   이은혜 임혜원
디자인   김민지
편집   조기웅 신원철

발행처   리음북스(월간리뷰)
출판등록   2016-000026호
주소   서울 성동구 아차산로7나길 18 성수에이팩센터 408호
전화   02-3141-6618
팩스   02-460-9360
이메일   press@ireview.kr
블로그   blog.naver.com/reviewmusic
값   18,000원
ISBN   978-89-94069-67-8
Copyright   © 2021 KIM DO HYUNG